好起来的勇气

——成长才是你要的治愈

西英俊　霍平欣　著

中国人口与健康出版社
China Population and Health Publishing House
全国百佳图书出版单位

图书在版编目（CIP）数据

好起来的勇气：成长才是你要的治愈 / 西英俊，霍平欣著. -- 北京：中国人口与健康出版社，2025.8

ISBN 978-7-5101-9875-5

Ⅰ.①好… Ⅱ.①西… ②霍… Ⅲ.①精神疗法 Ⅳ.① R749.055

中国国家版本馆 CIP 数据核字 (2025) 第 035099 号

好起来的勇气：成长才是你要的治愈

HAO QILAI DE YONGQI：CHENGZHANG CAI SHI NI YAO DE ZHIYU

西英俊　霍平欣　著

责 任 编 辑	江　舒
责 任 设 计	侯　铮
责 任 印 制	任伟英
出 版 发 行	中国人口与健康出版社
印　　　刷	天津中印联印务有限公司
开　　　本	880 毫米 ×1230 毫米 1/32
印　　　张	11.25
字　　　数	236 千字
版　　　次	2025 年 8 月第 1 版
印　　　次	2025 年 8 月第 1 次印刷
书　　　号	ISBN 978-7-5101-9875-5
定　　　价	59.80 元

微 信 ID	中国人口与健康出版社
图 书 订 购	中国人口与健康出版社天猫旗舰店
新 浪 微 博	@ 中国人口与健康出版社
电 子 信 箱	rkcbs@126.com
总编室电话	（010）83519392　　发行部电话　（010）83557247
办公室电话	（010）83519400　　网销部电话　（010）83530809
传　　　真	（010）83519400
地　　　址	北京市海淀区交大东路甲 36 号
邮　　　编	100044

序　言

在精神疾病的诊疗领域，精神医学与心理学的深度合作无疑是攻克难题的关键。精神疾病的成因盘根错节，交织着生物、心理与社会等多维度的因素，绝非单一源头所能解释。精神科医生凭借其深厚的专业知识和丰富的临床经验，立足生物学视角，借助药物等治疗手段，调节患者的神经递质水平，改善其大脑的生理功能，筑牢治疗精神疾病的根基。而心理治疗师则专注于患者的内心世界，运用多种心理治疗技术，帮助患者缓和内心冲突，重塑认知模式，掌握管理情绪与应对压力的有效技巧。在社会维度上，二者携手并肩，为患者及其家庭精心搭建社会支持网络，助力患者重新融入社会，恢复社会功能，重拾生活的信心与勇气。

令人遗憾的是，当前图书市场中，对精神科医生是如何与心理治疗师协同开展临床工作进行科普的作品屈指可数，能将专业性、可读性与实用性进行兼容并包的更是少之又少。精神专科医院究竟擅长诊治哪些病症？精神科医生与心理治疗师的工作重点又有何本质区别？当人们遭遇心理困扰时，究竟该优先向谁求助？这些基础且关键的问题常常让不熟悉精神科领域的普通大众以及初次寻求治疗的患者一头雾水。同时，对精神科治疗及精神专科医院的诸多误解，也让许多人徘徊在痛苦中，错失了及时、准确获取专业帮助的宝贵时机。更有部分患者在治疗过程中，因对疾病发展的规律缺乏客观认知而陷入迷茫与恐惧，最终中断治疗，陷入更加艰难的境地。

在这样的背景下，本书的问世恰似一道曙光。本书聚焦于青少年和成年早期人群，以一系列生动鲜活的案例和通俗易懂的语言，如手术刀般深入剖析了不同类型精神疾病患者的求医历程。在这些故事中，我们能够清晰地看到精神科医生与心理治疗师紧密协作的过程，他们从生物、心理、社会维度出发，为患者提供了全方位、多层次的支持与帮助，生动展现了当代精神心理诊疗的全新风貌与独特魅力，让普通读者透过这些故事，领略到精神科与心理治疗的专业和温暖。书中的故事不仅可以帮助大众认识精神心理治疗工作的复杂性与挑战性，更传递出了满满的希望与力量，让人深切感受到精神心理工作者对职业的无限敬畏与对患者的深切关怀，更希望广大需要精神与心理帮助的人能鼓起勇气，满怀信心地踏上专业治疗之下的康复之路。

本书的两位作者——西英俊医生与霍平欣治疗师——正是这种协作模式的优秀践行者。西英俊作为一名有着精神医学和心理学双重教育背景的专业人员，二十余年深耕临床一线，始终以生物—心理—社会医学模式为指导开展诊疗工作，在重大突发事件的心理救援工作中作出了突出贡献；霍平欣一直以来专注于青少年及家庭治疗领域，其温暖而富有洞察力的治疗风格，在强迫症、进食障碍等精神疾病的治疗中展现出较强的专业能力。两位作者既展现出对临床症状进行准确识别、深入分析的专业功力，又有着洞察人性深渊的共情智慧，更以"疗身亦疗心，治病更治人"的整合视角，共同诠释了当代精神卫生工作者对生命的敬畏。

在此，我诚挚地希望广大读者以及饱受精神心理问题困扰的人士认真阅读此书，从中汲取信心、知识与力量。我坚信在精神医学与心理学专业人员的携手奋进下，在人民群众的广泛关注与大力支持下，我国的精神卫生服务水平必将如鲲鹏展翅，持续飞升，不断迈向新的高峰。随着精神心理健康事业的日益发展，我们定将共同迎来一个更加健康、和谐、美好的社会，让每一个生命都能在阳光下绽放出最绚烂的光彩。

2025 年 7 月 1 日

自 序

　　作为每天工作在临床一线的精神科医生和心理治疗师，我们日常的工作就是与各种精神心理问题打交道。一个很深的感受是，精神疾病分类虽然是有限的，但患者作为人的个体差异性却是无限的。当有相似诊断的患者带着不同的人生故事走进诊室，我们往往无法用看待同一种疾病的眼光去看待这个人。

　　一般来说，大家通常认为精神科医生讲究实证，更多地关注症状表现，会根据疾病特征给出明确的诊断，开具相关的药物。而心理治疗师则更关注人，关注行为与情感，关注治疗关系中的感受如何，以及问题从何而来。但实际上，随着精神医学的发展，除了生物学因素外，心理和社会因素在精神疾病症状上的作用已经不容忽视。越来越多的精神科医生认为自己的工作非常需要增加心理学视角；同时，越来越多的心理治疗师也意识到，除了理解患者的故事、情感和行为，还应重视其行为和感受背后的生物学因素（如先天或后天的大脑机制异常），并承认心理治疗并非万能，药物及精神医学的作用不容小觑。这便引出了两个重要的问题，精神科医生和心理治疗师看待患者的视角是否一致？

如何更好地合作为患者提供高质量的帮助？

本书共有八个故事，每个故事呈现一种不同的精神疾患，患者均为青少年或成年早期尚未完全发展成熟的个体。之所以聚焦在这个年龄段群体，是因为他们虽然有的尚在青春期，有的刚刚成年，但在人格特点、常见发病类型、心理成熟度以及受原生家庭直接影响的程度上有一定相似之处。这类人群，在全国各大精神专科医院的就诊患者中占比很大。不少小患者的父母也因此十分焦虑、迷茫，陷入深深的苦恼之中。比如很多家长会反复问我们，孩子的病什么时候能好，能不能好？该如何与生病的孩子沟通？孩子有强迫行为、进食障碍，家长无法理解，怎么办？孩子总表现出"不想活了"，家长如何预防相关风险并有效应对？孩子出现心理问题后应该选择怎样的求助路径？这些问题，我们在书中都尽量给出了答案。

希望读者朋友们可以通过本书了解在精神专科医院里的医生和治疗师是怎样与患者相处的，不再谈精神科色变；也希望通过八个主人公的故事帮助广大家属理解患者生病后的复杂感受，搭建起患者和家属沟通的桥梁；还希望通过本书向更多读者传递力量，让正在犹豫要不要接受治疗的人们找到专业的求助路径，及时得到支持，并且在康复之路上更坚定地走下去。很多患者或家属以为只有精神分裂症患者才看精神科，因此介意去专科医院就诊。实际上，不仅抑郁、焦虑等情绪问题可以寻求精神科和心理治疗，还有睡眠、进食，以及不明生理原因的躯体疼痛问题等，都可能属于精神科的范畴。也有很多人以为心理治疗就是通过聊天获得安慰，或者干脆让治疗师提供解决现实问题的办法。实际上，心理治疗的过程是一个科学、系统的过程，旨在帮助患者进行自我觉察和理解，提升自我功能，在修正性的治疗关系中重获积极的人生态度。

我们写这本书的初衷，就是希望有一天，当经历过情绪折磨的人们回看自己时，可以平静地说："谢谢疾病，谢谢症状，谢谢过去生病的自己。这一切原来也是一种别样的自我保护。但是人终究要长大，环境总是要改变，我们总是要不断地告别，说再见，然后踏上新的征程。"

在此，我们要感谢所有支持和帮助过本书创作的人，包括我们的同事、领导以及提出很多宝贵意见的中国人口与健康出版社。还要特别感谢的是我们各自的家人，没有家人的大力支持和帮助，我们无法在繁忙之中抽出时间专注于此书的撰写。

最后，我们期待读者的反馈和宝贵意见。本书虽几经修改，但难免仍有纰漏。我们希望在大家的批评、指正中不断进步和完善，也希望能和那个未知的你在书中的共鸣处相遇。

西英俊　霍平欣

2025 年 7 月 1 日

目 录

十个写在前面的问题

在本书的故事正式展开之前，你可能会存在一些对精神科治疗、心理治疗和心理咨询的疑问，因此我们将读者可能普遍存在的疑问放在此处，集中解答。

若你不存在这些疑问，可以跳过这部分，直接进入故事正文。在正文中，一些重要的概念和专业问题还会再次得到解释。

1 心理咨询、心理治疗、精神科治疗都是做什么的？

● 什么是精神科门诊治疗？

精神卫生专科医院或综合医院设有精神科门诊，针对各类精神障碍患者开展诊疗活动。诊疗服务主要涵盖各类精神障碍的筛查、评估、诊断，以及药物治疗和物理治疗等。精神科治疗的常见疾病类型包括但不限于以下内容。

抑郁障碍、焦虑障碍（包含各类恐怖症、惊恐障碍等）、强迫及相关障碍、创伤及应激相关障碍、分离障碍（如人格解体、分离性遗忘症等）、躯体症状及相关障碍（如躯体症状障碍、疾病焦虑障碍等）、喂食及进食障碍、排泄障碍、睡眠—觉醒障碍、性功能失调及相关障碍、物质相关及成瘾障碍、人格障碍、双相及相关障碍、精神分裂症谱系相关障碍及其他精神病性障碍、神经认知障碍、神经发育障碍等。

● 什么是心理治疗？

通常，精神障碍患者，需要在医疗机构内进行心理治疗。心理治疗多为谈话干预，也有借助沙盘、音乐、绘画、玩具等不同形式的。治疗师与患者共同探索当前面临的心理困扰，具体可能涉及情绪问题、行为问题、人际问题、躯体疼痛、睡眠问题等，旨在帮助患者减轻症状，提升社会适应能力，修复自我功能。

● 什么是心理咨询？

心理咨询通常针对出现一般心理问题的普通人群展开，可在医院、学校或各类社会机构进行。心理咨询形式上以谈话为主，也有其他不同形式。咨询师帮助来访者一起探索其内心世界，讨论生活事件带来的情绪困扰，提升自我觉察，识别问题的深层原因，改善来访者的情绪状态和社会功能，帮助来访者心理成长等。

● 什么是精神科医师？

精神科医师是专注于诊断、治疗和预防精神障碍的医学专业人员。精神科医师应获得国家认证的执业医师资格证书和执业证书，具有诊断权和药物处方权。按照目前所颁布的《中华人民共和国精神卫生法》规定，精神科医师也具有心理治疗资质。

● 什么是心理治疗师？

心理治疗师是从事心理健康服务的专业人员，主要运用心理学的理论和方法，对有精神障碍、心理问题以及需要心理帮助的人进行心理治疗和干预。心理治疗师应获得国家认证的心理治疗师执业资格证书。按照目前所颁布的《中华人民共和国精神卫生法》规定，心理治疗师具有在医疗机构进行心理治疗的资质，但不具有诊断权和药物处方权。

● 什么是心理咨询师？

心理咨询师是运用心理学以及相关知识，遵循心理学原则，通过心理咨询的技术与方法，帮助来访者解决心理问题的专业人员。原国家心理咨询师职业资格证书考试已取消，但市场上仍有一些由行业协会或专业机构颁发的心理咨询相关证书。这些证书在一定程度上可以证明从业者的专业能力和培训经历但应鉴别颁证机构的正规性。心理咨询师不具有诊断权和处方权。

● 什么是患者、来访者、求助者？

患者一般指有精神科诊断，需要去医院寻求精神科治疗或心理治疗的人群。来访者或求助者可泛指一切寻求心理咨询、心理治疗的人群。没有精神科相关疾病的寻求心理咨询者不能被称为患者。

② 哪些人需要去看精神科？

精神科疾病的涵盖范围很大，细分病种很多，并非只有所谓"精神不正常"的人才需要去精神科就诊。如今很多人都有了去精神科主动求医的意识，能够摘掉有色眼镜看待精神、心理类疾病。在精神科患者中，不乏高成就、高学历、高智商者，也不乏对社会有重要贡献的人。精神疾病也不是简单的性格问题或道德问题，相反，很多患者对他人心存善意，对自己要求严格，对负责的事情尽心尽力，甚至过度地为他人着想。因此，大可不必对"看精神科"或"精神心理障碍"感到羞耻。相反，主动求助恰恰说明来访者勇于面对真实的自己，愿意解决问题，以及对自己的心理困扰有敏锐的觉察力。

作为家属要正确看待精神疾患，正面对待已经出现的问题，帮助患者积极治疗，切勿因病耻感延误治疗，带给患者更大的精神压力。

值得一提的是，有些人的问题并没有达到精神科诊断标准，仅属于一般心理困扰，也可以在精神专科医院或综合医院的精神心理科门诊寻求心理治疗或心理咨询。

3 什么时候需要寻求专业帮助？

● 需要精神科 / 心理治疗的情况：

当察觉自己或家人出现明显的情绪、行为异常，包括但不限于情绪极端高涨或低落、兴趣丧失、过度兴奋、易激动、爱发脾气、焦虑不安、异常烦躁、易哭泣，或者存在原因不明却无法缓解的躯体不适，难以调整的严重睡眠困扰，难以控制地做出一些异常行为等，这些问题影响了正常的生活、学习、工作，或影响了正常的人际交往，且持续一段时间不能自行缓解，感受到明显的、难以靠自己解决的痛苦，或有伤害自己 / 他人的想法、冲动及行为，同时难以通过与身边人倾诉而得到有效帮助。此时，建议及时、主动寻求精神科医生诊断，判断问题的性质及严重程度，了解当前情况属于疾病范围还是一般心理困扰。

如果诊断为精神类疾病，应由精神科医生评估患者当前的症状及风险，并提供治疗方案、建议。患者需要在医生的建议下决定是否需要药物治疗、心理治疗或物理治疗（如无抽搐电痉挛治疗、生物反馈治疗、经颅磁刺激等）。

例如，患者处于焦虑、抑郁等情绪困扰中，有自知力并且尚能维持基本的社会功能，可以进行相对流畅的会谈，其困扰或症状与现实发生的事件有关，同时存在导致困扰的生物学因素。这种情况就比较适合精神科治疗与心理治疗同时展开。

但是，如果患者当前处于重度抑郁发作、躁狂发作状态，或处于严重的焦虑发作、惊恐发作以及精神病性症状的急性发作期等，则需要先接受精神科药物治疗或物理治疗，等状态相对平稳时，再接受心理治疗。

对于精神科确诊的患者而言，建议首先接受精神科评估与诊断，在医生建议进行心理治疗的时候，再接受心理治疗师的综合评估，展开心理治疗。

● **需要心理咨询的情况：**

若自己或家人已存在一段时间的情绪不适且难以自行缓解，或有能力进行一定的自我调适但仍感到需要帮助，正常的生活、学习和工作没有受到明显影响，可进行基本正常的人际交往；有相互关心的亲友，不存在明显异常而无法控制的行为问题，对自己的健康情况及痛苦原因有比较清晰的认识，无极端行为或想法，可寻求医院或正规机构的心理咨询。

若自己或家人对探究自己的内心世界感兴趣，无重大应激事件或情绪痛苦，希望更进一步了解自己，获得心理上的成熟、成长，亦可寻求心理咨询。此类心理咨询通常需要持续、规律地进行较长时间，具体情况因人而异，一般不在医院进行。如有需要可通过正规社会机构寻找有专业背景的咨询师。

④ 如何找到适合自己的心理咨询师和机构？

心理治疗必须在正规医院内进行，因此不在鉴别方法上赘述。但心理咨询则有医院、高校、单位、社会机构、个人工作室等很多选择，需要了解其中的区别。

医院心理咨询：很多精神专科医院有心理咨询门诊，需要自行挂号预约。

所在学校或工作单位提供的心理咨询：这种心理咨询一般仅服务于学校学生或本单位员工，目前部分高校的心理咨询中心也向社会开放。

社会营利或非营利机构与平台：此类地方会有很多不同经验、不同价位、不同擅长方向的心理咨询师可供选择。在选择时，可以先了解机构或平台的背景，了解其所属单位或负责人是否为专业人士，其咨询服务开始前是否需要签署知情同意书（含保密协议、费用、设置、咨访双方权利责任等），以及机构规模、知名度也可以作为一个参考依据。当然，这些并非界定机构是否可靠的绝对依据，很多小规模的平台也有十分优秀的咨询师。更重要的还是在选择咨询师时，去了解咨询师的专业受训经历、是否接受督导、是否完成职业伦理培训、是否有足够的咨询工作经验等。

个人工作室： 很多心理咨询师都有个人公众号或线下工作室，此时除了可以去了解咨询师的相关专业背景，还可以在网络上搜索该咨询师是否公开发表过科普文章、音视频，以此初步了解咨询师的专业背景。开始正式咨询前，签署知情同意书（或咨询协议）也是必不可少的环节。一般而言，在咨询的前 1 ～ 4 次是一个咨访双方初步了解的阶段，来访者可以实际体验咨询师的个性特点、咨询方式等是否适合自己，若对咨询过程有疑惑也可以向咨询师提出并及时沟通。

5 心理治疗和咨询如何开始？

如前文所述，来访者需要先选择规范的机构或具有专业资质的治疗师、咨询师，在严格的治疗设置（包括时间、地点、费用、方式、保密原则等设置）下签署知情同意书（或咨询协议），然后再开始心理治疗。治疗设置需要咨访双方共同遵守，这是对咨访关系的重要保护，也将有利于确保来访者的信息以最规范的形式得到保密，相关的权利也会受到更好的保护。

无论是精神科治疗还是心理治疗、心理咨询，医生及治疗师、咨询师都需要与来访者建立良好、互信、安全的治疗关系，需要为来访者提供安全的治疗环境和感受，这本身就是治疗起效的一部分。从来访者进入医院、诊室、咨询室的那一刻起，治疗已经开始了。

如果来访者有主动求助与合作的意愿，会让治疗更加有效和容易展开。这需要实施治疗者的专业态度，也需要来访者自身的开放、勇气和努力。

在心理治疗初期，来访者对心理治疗师或咨询师缺乏了解，感到不安，担心被评价，怀疑治疗师或咨询师是否可靠，担心其是否能理解并帮到自己，都是很正常的。任何一个具有基本职业素养的治疗者，都可以换位思考并理解这一点，并且对来访者的不信任表示理解和接纳，用他们真诚的态度和专业性逐渐化解来访者的不安。要做到这些，治疗师或咨询师都应具有过硬的职业素养，对来访者进行真诚的关注，还需要具有相对成熟的人格和敏锐的自我觉察，以及良好的共情能力。若来访者在治疗初期就感到极大的不适，或感觉治疗过程不规范，有权提出停止治疗并寻找其他合适的治疗师或咨询师。

同时，来访者也要对心理治疗或咨询，以及精神科治疗有合理期待。在治疗初期，来访者要向不了解的陌生治疗师、咨询师打开心扉实属不易，因此需要在前几次治疗或咨询中磨合、了解，这是一个正常的过程。同时，治疗或咨询起效也需要一段时间，不要因为几次效果没有完全达到期待而灰心丧气，就急于更换治疗师、咨询师或终止治疗。

⑥ 心理治疗和咨询的常见方式？

目前心理治疗和咨询主要有线上及线下两种方式，只要符合正规的流程规范即可。《中国心理学会临床与咨询心理学工作伦理守则（第二版）》中对线上和线下的工作伦理与规范有着明确要求，若需了解《伦理守则》具体内容，可查询中国心理学会官方网站：http://www.chinacpb.net/public/index.php。

一般而言，大部分心理治疗和咨询都是以谈话方式进行。对青少年、儿童及部分成人，也可以借助游戏、绘画、沙盘等更丰富的形式，帮助其更好地感受和表达。

有时候，来访者会期待治疗师、咨询师主动向其发问，像医生问诊一样一问一答地进行。也有一些来访者希望治疗师、咨询师像授课一样进行更多的分析讲解，或对自己提出的问题直接给出快速解决方案。但是，心理治疗和咨询的谈话方式与精神科医生问诊或心理老师上课不同。心理治疗和咨询需要来访者有主动想解决的困扰，并进行倾诉。治疗师和咨询师会根据来访者的诉求与表达，进行发问或回应，与来访者一起探索内心深处，帮助来访者了解自己，促进对问题的觉察与领悟，并逐渐发展出新的应对问题的能力。

来访者在准备进行心理治疗或咨询前，可以想想自己希望谈的话题，若想不出来，也可以坦诚地告诉治疗师或咨询师真实的情况和感受，并提出对心理治疗或咨询的任何疑问。

从频率来说，一周 1 ~ 2 次较为常见，也有更高频或低频的情况存在，具体取决于来访者的情况、需求、目标以及治疗师的评估和擅长的工作方式等。精神分析流派的治疗师和咨询师更有可能进行相对高频、长程的工作，而认知行为、家庭治疗、焦点解决等流派的治疗师和咨询师进行中短程治疗和咨询更为常见。这里仅为一般情况介绍，并非绝对的时间划分。

7 如何设定治疗的目标？

● 治疗的目标由谁决定？

治疗的目标首先取决于来访者本人的需要，同时，精神科医生和治疗师还要从各自的治疗角度考虑，基于来访者的需求以及目标的合理性，与来访者本人进行讨论。

作为来访者，要知道一般精神心理方面的困扰往往与情绪、认知、内在冲突等深层原因有关，仅作症状层面的探讨有时很难实现真正的好转，也会阻碍我们去触碰问题的源头。因此治疗的目标可以是某部分自我功能的提升，或者某种认知、行为、情绪的改变，也可以是更进一步的自我认识、理解和接纳。

● 不知道接受心理治疗是想解决什么问题怎么办？

在第一次进行心理治疗时，当被问及想解决什么问题，获得什么帮助，达到什么目标，来访者往往很迷茫，这是正常的。来访者可以告诉心理治疗师自己还没有想清楚，然后试着描述自己大致的、模糊的想法，与治疗师一起探讨合适的目标。来访者也可以先尝试"漫谈"，而后再慢慢寻找、聚焦于困扰自己的问题。

● 治疗目标可以是"请心理治疗师帮我解决实际问题"吗？

有时来访者面临现实问题，如不知道该选择哪份工作，该和哪个人结婚，该不该生孩子，该分手还是该和好，该如何让他人为自己而改变……来访者想谈论任何问题都可以，但是他们总会发现专业的治疗师都无法给出直接的建议，而是不断地和来访者探讨让其困扰的感受以及背后的原因。

有时候，来访者会觉得生气，不理解为什么聊了这么久治疗师也不给一点儿实际的意见。原因是，心理治疗的目标不是由治疗师按照自己的价值观为来访者的人生做决策，而是帮助来访者了解自己的需求和感受，了解这些决策对自己意味着什么，用更客观、全面的视角去看待问题，以增强信心和能力为自己做决策。

心理治疗的伦理规范也要求治疗师不可以用自己的价值观干预来访者，而要保持价值中立，充分尊重和理解来访者自己的价值观。这才是对来访者负责的做法。

● **治疗目标可以是"彻底治愈"吗？**

所谓的解决问题，不一定是现实层面的问题完全消失，而是来访者获得了更好的能力去解决自己遇到的麻烦，并且有了更进一步的自我理解，能在面对问题时有更好的心态和适应性。同时，临床上所认为的治愈，并非彻底没有任何心理困扰，也不是症状的绝对消失。只要影响社会功能的症状基本解决并可控，来访者拥有了更高的生活质量和更好的社会适应能力，基本的社会功能变得比较完善，即可认为治愈。

8 治疗何时可以结束？

心理治疗和咨询可以是短程、中程或长程的，在不同流派中具体时长存在差异。总体而言，一般数周到三个月左右被认为是短程，半年或以上被认为是中程，一年或数年以上被认为是长程。对来访者而言，因其治疗、咨询目标及当前具体情况不同，所需要治疗、咨询的时长也会不同。

一般来说，一个短程治疗或咨询更多聚焦症状或某个具体心理困扰的缓解，在医院提供的治疗中更为常见；而中程的治疗或咨询则可以去探讨更多、更深的心理困扰，在进一步缓解整体症状的同时，探索来访者的心理和行为的内在模式、潜意识动力对现实的影响等，一般在社会机构更为常见，在有些医院门诊中也可进行；在长程的治疗或咨询中，则可以深入探索潜意识动力，帮助来访者获得更深的领悟；在一些持续数年甚至数十年的超长程治疗或咨询中，甚至有可能带来人格的部分改变。这些长程的治疗或咨询在社会机构中更为常见。

同时，患者及普通来访者都有权利更换或停止令自己感到不满意或受伤害的治疗，也可以在一个阶段目标基本达成时与治疗师商量是否适合暂停，或是选择进行长程治疗。

有精神科诊断的患者，要对精神科治疗及心理治疗周期有一定的耐心和合理预期。精神疾患的治疗往往缓慢且症状容易反复，患者本人也容易因为病情反复而对治疗失去信心。若在不恰当的节点随意中断治疗，或不遵医嘱中断服药，或在心理治疗初期刚刚有一点效果时就中断治疗，都不利于患者的康复，甚至影响后续治疗进展，延误治疗时间。每位患者具体需要的治疗时间，须根据个人实际情况评估。

9 治疗师、咨询师与来访者的专业关系与边界在哪里？

心理治疗关系是一种极其特殊的专业工作关系，既不是朋友关系，也不是师生关系，和家人亦不同。在专业工作设置（如保密原则等）的保护下，来访者可以跟治疗师分享在其他场合不便谈及的事件、想法和感受。这种分享需要关系很近且足够信任，同时又需要明确的边界，因此来访者和治疗师只能在治疗中进行深度交流。在治疗时间之外，治疗师不可以和来访者及其亲属建立任何其他关系。这样是为了最大限度避免混乱的关系给来访者造成伤害。

同时，根据《中国心理学会临床与咨询心理学工作伦理守则（第二版）》的规定，治疗师应充分尊重来访者的价值观，不可以用自己的价值观干预来访者。因此，很多时候治疗师并不会对来访者的人生重大抉择给予明确建议，而是会帮助来访者通过更充分的需求探索和自我了解，自行作出适合自己情况的决定。

在治疗之初，建立治疗关系是治疗开始的重要前提。若无法建立信任关系，则治疗很难深入。

在治疗过程中，治疗关系是帮助来访者改善情绪体验和人际模式，促进自我觉察和自我功能修复的重要部分。

当治疗进入尾声，来访者可能会感到不舍，对这段关系感到不忍离开；也可能感到不安，担心未来的事自己一个人难以应对；也可能充满期待和信心，希望有一段新的生活、新的开始……

基本的原则是，治疗师需要重视治疗结束带给来访者的感受，并提前进行讨论，帮助来访者进行自我觉察和充分表达，获得更进一步的成长。来访者也有权利主动表达自己对治疗即将结束的感受，不论正面还是负面感受，都可以向治疗师表达。对治疗结束的充分讨论，可以帮助来访者获得更多有建设性的处理分离的经验，更从容地应对真实生活中的分离。

⑩ 心理治疗和咨询中的保密原则与例外情况是什么？

按照《中国心理学会临床与咨询心理学工作伦理守则（第二版）》的规定，心理治疗师和咨询师应保护来访者的隐私权，并且向来访者明确告知保密内容及例外情况。一般而言，保密的内容包括且不限于来访者的个人身份信息，以及在治疗和咨询中透露的信息、个案报告或记录等。但是保密范围也有限度，不能保密的情况有：涉及来访者有伤害自身或他人的严重风险的；未成年人或不具备完全民事行为能力者受到性侵或虐待的；涉及法律规定要披露的内容则须依法部分披露。

在未成年人的心理治疗和咨询中需要特别注意的是，父母或法定监护人有权了解治疗和咨询的大致进展，以及与来访者相关的安全风险，但不能在来访者不知情或不同意的情况下随意获取治疗和咨询内容以及来访者合法的个人隐私。

第一章

划伤自己的少女

→ 第一节　活着没意思

就是觉得活着没意思

一位 15 岁少女在妈妈的陪同下来到精神科诊室。此刻刚刚早上 8 点，她也是张医生今天门诊见到的第一位患者。

为了让沉闷的房间透透气，张医生顺手打开了窗户。此时，一束晨光穿过云层，照在女孩低垂的侧脸，投下半面阴影，让她的神情看上去更加忧郁。

女孩随意撩起衣袖，左臂上露出一道道深深浅浅的陈旧性划痕，只有手腕上的伤口像是刚刚结痂。

"你叫刘晓晨，对吧？能说说你的情况吗？"张医生向女孩发出邀请。

"我就是觉得活着没意思，心情很差，从上高中开始到现在一直都很难受。"晓晨回答得很简单。

"能再具体详细地描述一下这种感受吗？"张医生耐心地追问道。

"嗯，应该是抑郁和焦虑的情绪都有，我看网上是这么写的。另外，我睡不好也有至少半年了吧，想很多事，睡不着；睡也睡得很轻，会做噩梦。有时也容易很早醒来，醒来以后还是很累，没有睡足了的感觉。白天觉得空虚、绝望、没法做事。我有很多重要的事，还要学习，但是一直提不起劲儿。这也让我有点焦虑。"晓晨这一连串回答，让人觉得她对自己的情况已经做了一些功课。

"胃口怎么样啊？"张医生问。

"有时还行吧，大部分时间没胃口，现在好像对吃什么都没兴趣。以前爱吃的，如冰激凌，现在很久不吃也不想。"晓晨答道。

一个星期也没觉得累

"上了高中后，大部分时间都是这样吗？之前有没有过类似情况？"张医生又问。

"对，之前好像也有过类似情况。中考前也失眠过，不过考完就好了。"晓晨说。

"嗯，有没有心情特别好的时候？就是那种忽然觉得精力变得特别充沛，明显感觉比平时兴奋得多。"张医生追问。

"我记得中考前那几天好像忽然感觉很兴奋，体力很充沛，连着熬夜复习了一个星期也没觉得累。当时我好像每天就睡三四个小时。因为之前几次小测验不理想，有点不敢面对考试，但中考前那周学习状态忽然变好，又对自己有信心了。我当时就觉得一定要考上现在的高中，后来真的考上了。考上后，我以为我好了，没想到那种很好的状态也就持续了不到一周，很快我就莫名其妙又变得情绪低落。感觉一切都没意义，什么都不想做，不想起床，不想说话。好像考完试以后就不知道还能做什么。连出去玩的兴趣也没了。这种没意义的感觉，现在好像更严重了。"说到这里，晓晨神情有些沮丧。

听完晓晨前面的回答，张医生觉得晓晨的状态可能比他想象中的复杂，有必要进一步厘清她的情绪变化，从而鉴别这种情况到底是抑郁障碍还是双相情感障碍。

于是，张医生进一步询问："除了中考前熬夜，其他时候还有过这种忽然特别自信、兴奋的情况吗？大概多久出现一次？"

【知识点】

双相情感障碍（bipolar affective disorder，BD）是一类既有躁狂发作或轻躁狂发作，又有抑郁发作（典型特征）的常见精神障碍。躁狂发作常见情绪高涨、言语活动增多、精力充沛，抑郁发作则出现情绪低落，合并愉快感丧失、言语活动减少、疲劳迟钝等症状。[1]

晓晨正在回想时，妈妈补充道："医生，我当时也觉得她的状态好得很突然，而且那段时间她也愿意和我说话。平时她都

---

[1] 陆林．沈渔邨精神病学［M］．第 6 版．北京：人民卫生出版社，2018：342-343.

是一个人待着的，不喜欢我去找她。您是说，这是兴奋过度了吗？其实我也觉得她变化得挺突然。我想着，她是不是因为中考那段时间用力过猛，所以才变成现在这样？**这孩子就是比较要强……**"

张医生正想开口，妈妈又接着说："而且，这孩子好像一考完试马上就没目标了，**什么都不做，特别懒**。我也经常开导她要打起精神来，要树立自己的人生目标。生病并不可怕，重要的是要勇于面对。要是我能替她生病我也愿意呀，可是我们都没法替她，她只能靠自己好起来。但是，**我说什么她都不爱听**。哎，我真是着急，不知道还能怎么开导她……"

晓晨打断妈妈道："我还没说完，让我先说。上高中以后也有兴奋的时候，但每次就几天，也是忽然想学习，就连着猛学三五天，有时还会去游泳、跑步、找同学聊天，但是坚持不了一周就没力气了，又感觉一切都没意义。我现在心情很复杂，不知道怎么跟别人说。我真的不想去学校了，最近几个月一直在休学，我妈已经帮我申请了休学一年。哎，我不知道明年能不能回去，我受不了那里的人和事，感觉没法长时间应付学习和学校的人，心里很烦……"晓晨抬起双手捋了捋头发，胳膊上的划痕又露了出来。一道道伤疤不用凑近也清晰可见。

此时，张医生基本确定晓晨描述的情况属于双相情感障碍的临床表现，具体来说应该是**双相Ⅱ型障碍**。现在有必要问问她胳膊上的划痕了。

【知识点】

双相情感障碍的临床表现比较复杂，常见为双相Ⅰ型障碍和双相Ⅱ型障碍，以及环性心境障碍等7个亚型。

其中，属于双相Ⅰ型障碍的患者常因明显的躁狂发作前来就诊，而双相Ⅱ型障碍的患者在早期更容易被诊断为重度抑郁障碍，直到首次被诊断出轻躁狂发作，才会被发现是双相情感障碍。

妈妈的爱，并不好受

张医生请晓晨伸出胳膊，靠近看了看，关切地问道："这都是你自己划的吗？只有这只胳膊划过？看起来你划自己不是一次两次了。"

被问到划痕，晓晨很平静，好像回答这类问题已经非常熟练。她不紧不慢地答道："嗯，是的，心情不好就会划一划。不过，我最近划自己不是因为学习，而是因为和我妈意见不同。我现在休学了，在家里反而有更多机会和爸妈待在一起。以前他们都很忙，不怎么陪我，现在却全都盯着我，我感觉压力更大了。前几天我们又因为我的起床时间这种小事在家吵架，我们谁都无法说服对方。"

晓晨此时看了妈妈一眼，而妈妈的表情也越发凝重。

晓晨继续说："我最受不了我妈哭。每次这样我都很绝望，就不想活了，因为我拿她实在没有办法。**她不明白我要什么，虽然我知道她也尽力对我好了，但这会让我更难受，**所以我又划了自己。嗯，我原本以为这次会有勇气划到大动脉，不过还是不太准……"

张医生回应说："好像妈妈对你的好不是你想要的，但是你又觉得她很不容易。这导致你心里特别矛盾，而被妈妈开导就让你更难受了。"

晓晨连声应和："是啊，是的，您怎么知道？就是这样的，我对她的感觉很矛盾。**我妈越安慰，我越觉得我好像是他们的累赘，**活着更加没意义。"

张医生追问道："和妈妈发生冲突时，你经常用这种方式划自己吗？这样做对你有什么用呢？"

晓晨说："没什么用，我也不是故意给我妈看的，多数时候是我一个人躲在房间里，难受时自己划自己，我不想影响到他们。划了也不会真的好，但会感觉释放了一些情绪，只有疼的时候才能感觉到自己还活着。其他的，我也不知道是为了什么，但好像我只能这样。不过，有时候我在情绪爆发时会控制不了自己，好像必须得立刻做点什么。比如像这次，我就很想拉开窗户直接跳楼，被我妈拦住了。"

自伤背后的自杀风险

妈妈的眼圈一下就红了，补充道："她这样我怎么能放心？她总说让我别管她，哪个父母能做到？"晓晨忽然眉头紧锁，有些烦躁。

张医生安抚道："理解你们做父母的心情，但是父母和孩子的状态很多时候也会相互影响。我看晓晨这些行为，好像有时是冲动性的，有时是事情过后，反复思考了才去做的。晓晨，你刚才说，你知道怎样可以划到动脉，怎样不会划到，是吗？"

晓晨听到这话，嘴角有一丝微微上扬，好像觉得自己早已看透医生话里的意思。她解释道："我知道您想问什么，我确实没有下决心划到动脉，您可能会觉得我不是真的想死，但我觉得我是想的，只是没下决心，我不是为了威胁谁。其实，我已经自学了很多医学知识，了解了很多种死法，可能现在我确实还没有真正想好。如果以后想好了，也许就会选择其中的一种。我不知道。"

张医生觉得晓晨很聪明，但又充满绝望。这更加引发了张医生的关注。为了明确晓晨当前的自杀风险，张医生继续澄清道："你有过具体的自杀计划吗？比如在某个具体时间，做了哪些相关的准备？"

晓晨摇了摇头，确认目前还没有过。一旁的妈妈好像也从极度紧绷的状态中稍稍松了口气。

张医生觉得，晓晨平静的外表下好像有很多东西需要倾吐。看到她此刻波澜不惊的样子，想象她在家跳楼的画面，他觉得面前的这个女孩就像一座暂时休眠的火山，随时有爆发的危险。但是，她也并不像一般重度抑郁患者那样始终少言寡语，缺少动力。考虑到兴奋的状态和情绪变化的情况，张医生考虑晓晨患有双相Ⅱ型障碍。

晓晨清了清嗓子，又补充道："其实，我也没有想好要不要去死。人最终都会死，生和死到底有什么意义，我始终不明白。至于胳膊上这些，是发泄，也是因为我对危险的东西感到好奇。**小刀划在胳膊上，我就能看到血渗出来，会给我兴奋的感觉——嗯，或许还有一点快乐。否则，我就没有任何感觉了，活着也没有意义。**"她很直接，说这话时表情忽然变得比刚才更加风轻云淡，好像在讲别人的事情。

妈妈在一旁眼圈又一下红了起来，似乎想说点什么，却没有说。张医生瞥了妈妈一眼，发现妈妈正在小心翼翼地观察晓晨的脸色，生怕说错了什么又刺激到女儿。

张医生看出妈妈的犹豫，再次安抚道："我还有几个问题要问问晓晨，然后再请妈妈补充。"

为了进一步明确诊断，排除是否有精神病性症状，张医生转向晓晨继续问："晓晨，我问你，除了刚才说的，**你有没有过经常觉得身边有人议论你，说你坏话？或者凭空听到、看到什么？除了学习压力，学校里还有什么让你害怕的事情吗？比如感觉被跟踪、被监视，担心有人伤害你？**"一连串问题确认下来，晓晨的答案都是否定的，张医生有些放心了。

妈妈的困惑与挫败

终于轮到妈妈说话。这次，妈妈试探性地询问晓晨能不能也让她说几句。晓晨默许，妈妈才把头转向张医生，介绍起他们的家庭以及晓晨之前在学校的情况。

【知识点】

精神科治疗和心理治疗的区别与联系：精神科治疗与心理治疗相辅相成，精神科治疗侧重疾病诊断和针对症状的药物干预；心理治疗侧重情绪和行为问题的处理，自我功能的修复，多为谈话干预。

如果患者的情绪痛苦程度很高，且长期无法自行缓解，影响到正常的社会功能，如工作、学习、人际关系、家庭生活等方面，建议及时就医，先进行精神科评估，如果符合某一类精神障碍的诊断标准，则应该遵医嘱接受精神科的治疗，这包括必要的药物治疗或物理治疗。在此基础上进行必要的心理治疗或心理咨询。心理治疗或心理咨询一般以谈话为主，有时会借助沙盘、绘画、音乐等方式，但不包含药物治疗。精神科治疗和心理治疗无法相互替代，可以互为补充。

也有一些人的情况没有达到很严重的程度，或达不到诊断标准，也就是说精神症状没有给患者生活、工作、学习造成太大的困扰，没有带来正常功能的丧失或明显减退，那么患者可以先选择心理治疗或心理咨询，帮助自己调整认知，改善情绪。如果患者在接受心理治疗或心理咨询一段时间后，心理状态几乎没有任何改善，或变得更差，则需要及时向治疗师或咨询师反馈，考虑更换治疗师或再次寻求精神科诊治。

　　妈妈这样的表现，让人很难想象他们在家发生争吵时的样子。不过，这个部分张医生认为交给心理治疗师来详细了解会更合适。

　　经过一番简单谈话，张医生从妈妈这里了解到，晓晨上初中时一直成绩优异，刚刚考上一所很难进的重点高中。但是高中开学后，她一直适应不良，感觉压力很大，难以融入新环境。这让她一下子失去了过去的优越感，甚至觉得找不到生命的意义。对此，爸妈很想帮忙，却有些爱莫能助。他们并不理解究竟有多大压力能让女儿对自己下此狠手，也不明白在孩子的养育上，自己到底做错了什么，让从小乖巧优秀的女儿变得越来越难以沟通，一言不合就伤害自己。作为一名教书育人的中学老师，晓晨的妈妈也感到很挫败。

　　凭借多年经验，张医生知道，晓晨的问题一定不只是学习压力那么简单。但是，目前首先还是要先明确她的自杀风险大小并进行症状分析，以便做出准确的诊断。

　　张医生向晓晨母女介绍了初步诊断结果并开了药，建议晓晨规律地进行精神科复诊，同时尽快去做心理治疗。在张医生看来，晓晨的情况很典型，需要精神科药物治疗配合心理治疗，才能更有效地解决问题。妈妈还想多说一些，但由于时间有限，张医生不得不结束这次门诊。

→ 第二节 "不被期待的"开始

"心理治疗解决不了我的问题。"

"我接受过不少心理治疗，还没有人能真正解决我的问题。"

这是晓晨见到心理治疗师安宁时，说的第一句话。在此之前，安宁已经翻看过晓晨的精神科就诊记录。对于晓晨的开场白，安宁并不惊讶。不同于晓晨的云淡风轻，妈妈则有些急迫和不安，她叮嘱晓晨道："你好好和治疗师说说，别着急。好好说。"晓晨有些烦躁，示意妈妈不要再叮嘱了。

常规来说，在正式进入晓晨的议题讨论之前，治疗师本应先与晓晨介绍知情同意的具体条款，特别是治疗设置和保密原则等相关内容，以便后续的治疗能够顺利地进行。但是安宁没有急于进入流程，而是顺着晓晨的话，对她的到来表示欢迎："晓晨你好，我是心理治疗师安宁。看来你有丰富的心理咨询经验。你之前的咨询也是在医院进行的吗？"

"不在医院。不过，**心理咨询和心理治疗有什么区别呢？**"晓晨的问题隐隐有些先发制人。

安宁已经回答过无数次这样的疑问，虽然解答起来驾轻就熟，但她始终认为，每一个人问出这个问题时，所思所想或许都是不一样的。安宁答道："哦，我个人觉得，**本质上也没有特别大的区别，但心理治疗更侧重于疾病的治疗。在我们国家，一般都是在医院里进行。医院外的属于心理咨询，只要是具有正规资质的咨询师，效果也都不错……不同的是，我们和你的精神科大夫会有更紧密的合作。**"安宁顿了顿，继续说道："看起来，你可能还想知道，我们的心理治疗会不会和你以前的体验不一样。你不确定，但是也有一些期待。"

晓晨不置可否，语气有些试探地问："会有什么不同吗？其实，我觉得我知道我有什么问题，我的问题比较特殊，恐怕很难有人解决得了，我也没有很高的期待。不过因为我的精神科医生说我需要来，所以我就来了。"

这几句简单的开场白通常会带给治疗师一些压力。但真正触动安宁的既不是这些开场问题，也不是这副清冷的外表，而是在她疑问的背后，掩藏着深深的无力感，好像世界之大，竟然找不到一个人可以真正帮助到她。安宁想，不愿承认期待，或许也是她想要避免失望的真诚表达。

于是安宁回复："你尝试过很多方法，接受过不同的心理咨询，努力过很多次，仍然解决不了眼前的困局，这让你感到很无助，也不想轻易相信谁。我想，你的情况是独一无二的，因为每个人都有自己的独特性。"

晓晨沉默了。

【知识点】

心理咨询和心理治疗的区别与联系：

心理治疗：治疗师需要有国家卫生行政部门颁发的心理治疗师资质，通常针对各类已有精神科诊断的情感障碍患者或神经症患者工作，需要在医院内进行。心理治疗常以谈话方式为主，也有其他不同形式。治疗师与来访者共同探索其当前面临的心理困扰，具体可能涉及情绪问题、行为问题、人际问题、躯体疼痛、睡眠问题等，旨在帮助患者减轻症状，提升社会适应能力和自我功能。

心理咨询：心理咨询师需要有合法合规的心理咨询师专业资质，通常针对出现一般心理问题的普通人群工作，可在医院、高校或各类社会机构进行。心理咨询同样以谈话方式为主，也有其他不同形式。咨询师与来访者共同探索其当前面临的心理困扰，帮助来访者面对生活事件带来的情绪困扰，提升自我觉察，识别问题的深层原因，改善来访者情绪状态和社会功能，帮助来访者心理成长等。

总体而言，心理治疗和心理咨询的作用并没有泾渭分明的本质不同，区别主要是治疗师和咨询师的资质差异，来访者的症状严重程度差异，执业地点的差异，以及工作方向的侧重。

从"不期待"开始

安宁继续说:"其实我也赞成你的一部分想法,比如,我们不必对这个治疗抱有特别高的期待。"

晓晨脸上划过一丝讶异。

安宁解释道:"精神心理层面的问题,解决起来不能一蹴而就,花好几年时间也是常事。如果目标过高,不符合疾病好转的正常规律,会让你感到更加挫败和失望。但实际上,**解决这类问题的进程就是一个螺旋式进步的过程**。可能你已经做了很多努力,还是发现治疗进展不尽如人意,比如有时候停滞,有时候有一点点的进展,有时候甚至刚好一点又不好了。其实,这些都是正常且必经的过程。这不代表治疗无效,也不代表你没有希望了,而是代表你此刻正走在一条值得继续努力的道路上。**它最大的意义就在于,走过这一段,就会离目的地更近一些**。"

晓晨抬起头,好像有了一点兴趣。毕竟,她从进门那一刻起,目光大部分时间都落在桌面的盆栽上。而这时她抬起头望着治疗师说:"我以为你会说我想得不对,会希望我的态度更积极,或者,至少你会说服我相信你和其他治疗师不一样。"

安宁解释:"我当然理解你的担心和不确定,这些都是很正常的。另外,恐怕我也不敢说,一定会比你以前的治疗师更高明。但我想,心理治疗带给你的体验应该不全是没有用的,否则你就不会来了。那么,既然能见到你,我就很愿意和你一起去回顾以往的旅程,也有信心再陪你向前走一段路。我对你有信心,是因为尽管现实让你如此绝望，但你仍然在努力治疗，仍然没有放弃自己。"

晓晨流泪了。她似乎很不愿意在这种情景下流泪，一边慌忙地擦眼睛，一边要求妈妈出去等她，说想和治疗师单独谈谈。

安宁虽然很重视晓晨的感受，但并没有对晓晨的流泪表现出过度关切，只是把桌上的纸巾推到晓晨面前。她叫住妈妈，向母女俩解释道："由于晓晨未成年，所以需要有监护人在场，和她一起签订知情同意书。这里面包括我们心理治疗的基本设置和保密原则等，对我们的治疗以及保障晓晨的权益都非常重要。签完知情同意书，我们就可以进入正题，到时候再请妈妈去门外等候。"

【知识点】

签订知情同意书是首次心理治疗中必不可少的环节，需要在治疗初始时签订。其内容包括咨访双方的权责声明，要求咨访双方在咨询时间、频率、地点、付费方式、违规责任等方面达成一致并共同遵守。其中非常值得强调的是关于保密原则的确认，以及保密原则的例外情况。按照规范签订知情同意书，是后续咨询／治疗得以进行的重要前提，也可避免不必要的法律、伦理纠纷。

晓晨点头。

于是，安宁与晓晨母女就知情同意书进行了讨论。除了时间、地点、基本规则以及会为晓晨所讲的内容保密外（包括对未成年人家长的部分保密），安宁还特别强调了保密例外：

涉及当事人自伤自杀、他伤他杀的，需要告知监护人或相关机构采取预防和保护措施；

涉及未成年人侵害、虐待等，需要告知监护人或相关机构采取预防和保护措施；

涉及法律取证等问题，需要依法部分披露相关内容给相关人员和部门；

在需要借助督导进行专业指导时，治疗师应隐去当事人身份信息，向督导及参与督导的相关成员部分披露治疗中讨论的内容，并与督导及督导参与者达成保密协议；

在治疗需要时，治疗师可以与当事人的精神科医生进行与疾病治疗有关的必要交流。

在与未成年来访者提前约定的情况下，治疗师可以向来访者的监护人透露必要的治疗进展，并就来访者的议题与监护人做适当讨论，帮助监护人做出对来访者有益的改变。

→ 第三节　秘密在心理治疗中展露

懂事的孩子突然崩溃

妈妈出去后，晓晨的表达似乎变得主动。

晓晨告诉治疗师，妈妈和奶奶都有抑郁症（关于这一点，晓晨反复强调不要告诉妈妈）。虽然她们现在已经好转，但是她仍然不想因为自己的情绪而让妈妈伤心。同时，妈妈的崩溃、关切和慌张，也给晓晨带来了巨大的压力。所以，晓晨从小便练就了一身"宠辱不惊"的本事，不管心里有多大事，看起来都像没事一样，甚至还能反过来安慰妈妈。对此，**家里人都觉得晓晨非常懂事。也正因如此，当晓晨终于有一天忍不住情绪失控，甚至抑郁到自伤自杀的时候，家里人的第一反应是不可思议，好像这不该是发生在晓晨身上的事情**。谈这些时，晓晨的眼泪已经止不住了。

作为一名工作多年的治疗师，看到这样的女孩子，安宁的第一反应也是有些心疼。不过，安宁还是提醒自己，千万不要因为与来访者产生共情，而失去了治疗师的中立位置，导致看不到事物的全貌。因为家庭中的问题，永远没有绝对的受害者或者始作俑者，往往是家庭成员之间关系互动的结果。如果我们把一个人的不幸完全归咎于家庭中的某一个人，显然是不全面的——毕竟当事人也应该为自己的人生承担责任。

从何处来，向何处去

安宁沉默了好一会儿，等待晓晨的情绪渐渐平静下来，终于可以开门见山地询问晓晨："那么，你现在希望通过我们的心理治疗解决什么问题？这会成为我们一个阶段的治疗目标，决定我们接下来可以走向哪里。"

晓晨有些犹豫地回答："我觉得，我找不到活着的意义。当然我也在乎我爸妈，所以我现在不会真的去死。但我确实也常常在想，活着的最终结果都是死亡，为什么还要这么辛苦地活着？"

安宁追问："哦，你很在意爸妈，所以你现在不会真的去死，但也觉得活着很辛苦。"

晓晨确认。

安宁考虑，晓晨的自伤行为看起来不像是有明确的自杀决心，更像一种青少年常见的**非自杀性自伤行为（NSSI）**。安宁继续表达好奇，想要离晓晨的心结更近一些："是什么让你觉得很辛苦呢？"

晓晨忽然推翻了刚才的表达，说："我不知道。其实我都可以应付，没什么特别难的事，也没有那么辛苦。我只是想，会不会有一天我就真的不想活了，也许不因为任何事，只是觉得已经体验够了活着的感觉，因为如果可以想象自己未来的样子，应该就不再有任何好奇了。"

【知识点】

非自杀性自伤行为（NSSI）是指不以自杀为目的的、直接的、故意的损伤自己身体组织的行为。青少年阶段是NSSI发生的高风险期。常见的自伤形式有划伤皮肤、割腕、拽头发、撞头、咬伤、烫伤、掐自己等[1]。青少年的这种行为一般不是单一因素造成，而是要考虑多个维度的原因，如缺乏有效的情绪调节策略、自身的人格特质、同伴关系、早年创伤经历、当前是否发生负性生活事件、是否成长于不良的家庭氛围、自我惩罚的想法等[2]。

非自杀性自伤行为并不意味着当事人不会自杀成功，因此仍要考虑自杀风险并提前防范。

安宁感受到，这是一个敏感且具有反思能力的孩子，但是她的认知有些偏颇，似乎被某种情绪或想法一叶障目，钻进了一个死胡同；又或许，她在潜意识里不得不使用**否认的防御机制**，来保护自己不被一个突如其来的陌生人伤害。

---

① 温宇娇，徐一凡，乔丹，等.青少年非自杀性自伤行为的社会心理因素解释模型及干预研究[J].国际精神病学杂志，2020，47（5）：885-888. DOI：10.13479/j.cnki.jip.2020.05.010.

② Leong CH，Wu AMS，Poon MMY. Measurement of perceived functions of non-suicidal self-injury for Chinese adolescents[J]. Archives of Suicide Research，2014，18（2）：193-212.

【知识点】

否认的防御机制主要表现为拒绝承认负性体验的存在。它是人从婴儿期就有的一种面对灾难时的本能反应。仿佛只要不承认，事实就不会存在。①

否认可以让人暂时离开焦虑、痛苦的感受，但也可能造成不好的结果，如一个人拒绝承认自己生病而不去治疗，很可能会耽误治疗的最佳时间。

安宁没有急着问晓晨为什么推翻了关于"辛苦"的说法。相反，她比之前更想要小心，想去给面前的这个孩子一些安全和保护。因为她深深地明白，**一个人在无比悲伤之时却不被允许哭泣，恐怕"否认"就是她最重要的保护，**她只能咬着牙对自己说"这都没什么，我并不觉得辛苦。"

安宁的心中忽然升腾起一阵对人类这个物种的悲悯，既包括对晓晨，也包括对自己。"否认"是一种被许多专业人士认为幼稚的防御，可是谁能说自己从没使用过呢？安宁明白，不轻易拆掉来访者的防御外衣是一个合格治疗师的基本素养——除非，治疗师知道来访者已经到了不再需要这件外衣的时候。

————————

① 南希·麦克威廉斯.精神分析诊断：理解人格结构［M］.鲁小华，郑诚，等译.第1版.北京：中国轻工业出版社，2015：110-112.

　　抱着这样的心态，安宁和晓晨的心理治疗以每周一次的节奏展开。虽然晓晨在一开始就强调过，不希望治疗师告诉妈妈他们讨论过妈妈和奶奶的抑郁症，但这个家庭秘密的威力，仍在晓晨的治疗中渐渐显现。

　　这个秘密就是晓晨的家里有多位抑郁症患者吗？或许事情并没有这么简单。

→ 第四节 抽丝剥茧

不被允许的情绪

经过多次会谈，安宁进一步发现，晓晨的家庭中虽然有多位抑郁症患者（晓晨的妈妈、奶奶以及晓晨），但是每个人都在努力地"表演"坚强。最近，晓晨的妈妈因为晓晨生病的原因越来越控制不住自己的情绪，时常崩溃哭泣。对此，晓晨倍感压力。因为**在晓晨的家庭里，大家都觉得只有积极乐观才是好的表现，只有这样才能让家人放心，所以他们都很努力地"为了积极而积极"，每个人都很害怕展露出真实情绪**。如果有家庭成员忽然变得情绪不稳定，其他人也显得十分焦虑和难以承受。于是，那些明明十分强烈的抑郁、焦虑、悲伤、恐惧，就变得极其压抑，更加无处安放。

安宁发现，这是一个对负面情绪缺少容纳的家庭。他们既不能接受当前这个生了病的自己，也不相信这样的自己会被他人接受。于是，病耻感和累赘感驱动着他们和那个真实的自己对抗。越是害怕面对脆弱，越要表现出"这都没什么，我很坚强"。

很多时候，担心不被接纳和难以自我接纳是紧密相连的。

谈到这里时，心理治疗已经进行到第五次。

安宁问晓晨："你一直觉得，坚强是家人期待你成为的样子，对吗？"

晓晨认可，但很绝望，因为她发现努力控制并不能让负面情绪消除，压抑还会让内心的冲突变得更加激烈，以至于尽管大部分时候晓晨都是那么的懂事、成熟、平静，可是一旦情绪爆发，那一定是已经到了自伤才能解决的地步。这种难以捉摸的情绪爆发，反而让家人更加惶恐，也会对他们产生更巨大的冲击。

安宁解释道："**我们总以为负面情绪需要消除才好，可是负面情绪也常常是很有用的，**比如它在向我们发出信号，在危险时逃跑，在痛苦时宣泄，在孤独时寻找可靠的陪伴，在被欺负时感到愤怒从而及时地反抗，保护自己……"

晓晨带着一种有所领悟的神情回应："真的吗？好像的确是这个道理。"

安宁补充道："所以，当负面情绪被一味地排斥，被扣上糟糕的帽子时，它也会感到很不公平。毕竟，谁愿意被人片面地看待呢？"

"不公平"

晓晨沉默，好像被哪句话触动了，许久一言不发地坐着，身体在午后的阳光下投出一道纤细的影子。

安宁望着晓晨，也不说话。

忽然，一些在晓晨眼眶里打转的泪水，转着转着，哗哗地顺着眼角流了下来，好像水管突然打开了阀门，好像积攒了十几年的委屈喷涌而出。

"不公平"，这是晓晨一直以来的感受，却说不出具体是哪里不对，更不知道该如何表达。但是，当这个词以这样的方式出现时，晓晨感觉内心深处的一些东西被看见了，就像黑暗的宇宙里忽然有了光。一直以来，她那么严格地要求自己，控制自己的情绪，时刻保持"最好"的状态，却换来那么多的委屈。

从小到大，爸爸妈妈对晓晨的要求一直很高。晓晨从小就知道，要做一个有教养的人，一个严于律己的人。但是，没有人告诉晓晨，**七情六欲其实也各有各的可爱，重要的是我们怎样与不同状态下的自己相处**。优秀并不意味着消灭掉真实的自己。

"我有时觉得即使所有人都无法做到完美地控制情绪，但我可以做到。这有什么不行呢？我一直都做得很好，所有人都认可我。可是，现在我好像也有点不想被这样期待。为什么我就不能脆弱呢？这真的很不公平。"这是晓晨第一次在治疗中表达愤怒。

原来，在这个备受抑郁症折磨的家庭里，爸爸、妈妈，还有奶奶、爷爷，他们都希望晓晨不要重蹈覆辙，希望晓晨过得比他们快乐。但这样一个原本美好的期望，却成了晓晨不能表达情绪的根源，成了她最怕面对的压力。**无论是学业的困境，还是生活的烦恼，晓晨从没有正面表达过**。她不想辜负家人的爱和期望，却因为学业上的挫折而无法继续保持"坚强"，无法面对，甚至不能上学。这一系列反应，更加重了晓晨的自我否定。她感到难以自处，甚至产生了非常糟糕，一无是处的自我感觉。

安宁知道，一直以来，晓晨都被认为是很优秀的。她喜欢被老师和同学关注，喜欢家人说她懂事让人放心，她好像一直理所当然地扮演着万众瞩目的"别人家的孩子"。可是，在那所优秀学生云集的高中，晓晨不得不忍受被别人轻而易举"碾压"的感觉，一下子失去了众人的赞扬，不知道还有什么方式可以确认自己的价值。当她内心充满强烈的不满和质疑时，仍不忘要求自己始终装作若无其事。

学业是表面上可以看到的困境。但在学业压力的背后，更难的是不被允许表达脆弱，无法寻求支持和安慰，以及自尊失去支撑的慌张与无力。安宁终于明白，这或许才更贴近晓晨抑郁、自伤的根源。

至此，安宁大致梳理了可以和晓晨讨论的方向：

使晓晨当前的压力反应正常化，促进其对负面情绪的接纳，促进自我理解。

讨论晓晨"不敢表达脆弱"的原因，并提供安全的环境和有支持的反馈，促进真实情绪的表达。

与晓晨讨论学业压力之下更深的焦虑，寻找真正能够支撑自尊的基石。

顺着这个方向，安宁和晓晨每周一次的心理治疗稳步推进。晓晨的情绪出现阶段性好转，虽然时不时仍然想自伤，但控制力正在慢慢增强。

基于此，安宁该如何帮助晓晨更进一步减轻症状呢？是时候与晓晨的精神科医生聊一聊了。

→ 第五节　好家庭中的好孩子，
　　　　　到底怎么了

精神医学与心理学唱出的和声

一直以来，安宁与自己门诊患者的精神科医生时常保持着必要的联系，会在患者的许可下与医生讨论患者的情况。**安宁可以明显感受到精神科药物对晓晨稳定情绪的积极作用。有了药物的帮助，晓晨得以在更好的状态下进行心理会谈。**

安宁将晓晨当前的心理治疗进展大致反馈给张医生，一方面可以为精神科治疗提供更多信息；另一方面也能从精神科医师处获取信息，希望能更进一步完善对晓晨的理解。

同样地，张医生也在晓晨的精神科复诊过程中，感受到她在认知和情绪上的变化。他明白，**双相Ⅱ型障碍患者的治疗是有难度和风险的：**一是这类患者具有更高的自杀风险，二是双相Ⅱ型障碍在初期极为隐蔽，常常以重度抑郁的形式呈现，需要仔细甄别。**当患者在心理治疗中呈现出积极的变化时，也需要谨慎考虑患者此时是处于轻躁狂状态还是正常的好转**。这也是安宁目前所疑惑的。

【知识点】

根据美国精神医学学会出版的《精神疾病诊断与统计手册》第5版（DSM-5），要诊断患者为双相Ⅱ型障碍，必须符合以下四点：

"1. 至少一次符合轻躁狂发作和至少一次符合重性抑郁发作的诊断标准。

2. 从未有过躁狂发作。

3. 这种轻躁狂和重性抑郁发作的出现不能更好地用分裂情感性障碍、精神分裂症、精神分裂症样障碍、妄想障碍或其他特定的或未特定的精神分裂症谱系障碍及其他精神病性障碍来解释。

4. 抑郁症状或抑郁期和轻躁狂的频繁交替所致的不可预测性，引起有临床意义的痛苦，或导致社交、职业或其他重要功能的损害。"①

经讨论，对于晓晨当前的情况，张医生的判断是，晓晨确有一些真实的好转，且好转周期能较长时间地维持，过度兴奋或不合理的精力旺盛出现较少，轻躁狂和抑郁状态的交替频率明显下降。

---

① 美国精神医学学会. 精神障碍诊断与统计手册［M］. 第5版. 张道龙，译. 北京：北京大学出版社，2016：128-135.

　　张医生从精神医学的角度解释："双相情感障碍的病因至今仍在讨论和研究中——虽然没有非常明确，但是肯定与社会、心理、生物几个方面的因素都有关系。首先它有比较明显的家族遗传性，其发病机制也可能与神经递质及激素分泌的异常有关。患者自身的代谢情况和免疫系统也可能对双相情感障碍的发病有所影响。与此同时，从社会、心理的角度看，不良成长环境、负性生活事件、不良养育等因素也会与该病的生物学因素相互影响，共同影响着疾病的发展。"

　　安宁一边听着张医生的描述，一边在脑中勾画晓晨的形象。她回应道："显然心境稳定类的药物已经对晓晨起了作用，而关于社会、心理因素的讨论也让晓晨有了改善，那么可以确定目前的治疗思路大体正确。我现在能做的，就是进行心理层面的探索。既要考虑探索所引发的情绪始终在晓晨可以承受的范围之内，也要考虑帮助晓晨更进一步地自我理解，从而打开当下的心结，重拾面对学习和生活的自信。"

路在何方？路在脚下

　　张医生赞同，并表达好奇："同意。现在有下一步明确的思路吗？"

　　安宁思忖片刻，答道："我的第一反应，还是关于晓晨'自尊'的部分。很显然她的**自尊太脆弱，太容易随着外界评价波动，**太需要通过超越他人这种单一的方式来寻求补足。实际上，她以前的确把过多的精力放在了这方面，导致一旦支撑自尊的力量动摇，她就会很快对自己产生极端差劲的评价，而且生活意义也因此变得虚无。她的绝望感应该也与这部分有关。说起来，**她的父母似乎也具有一些这样的特点，所以对晓晨充满了过高的期待、严格的要求以及品头论足以满足他们的自尊需要。** 在晓晨生病前，她的成绩排名几乎是家里第一重要的事。"

张医生点头回应："听起来这姑娘好像从小就被爸妈当成了'面子工程'，他们用她的优秀来给自己长脸。结果孩子把自己活成了成绩单，总盯着别人怎么评价自己，做不好就崩，像棵没扎稳根的树，风一吹就晃。"

安宁道："是啊，**她很难放松地表达自我的情绪，总是严厉地批判自己。** 其实，人都会通过自我肯定、与人建立关系等多个层面来体验自我，但当患者处于抑郁状态时，想法往往会变得更具两极性，容易顾此失彼地看待自己，要么非常依赖和关注外界的好评，要么通过贬低他人来寻求稍好一些的自我感觉。"

在接下来的日子里，张医生与心理治疗师安宁的合作仍在继续，而晓晨也在他们的合作与努力中逐渐好转，虽然还在经历反复发作，但总会再有好转。

张医生和安宁都知道，晓晨的好转需要一个漫长的过程，但也相信，按照目前的治疗方向和效果，晓晨未来仍有机会带着可控的症状去恢复正常的生活。**医生和治疗师不是 100 分的大师，而晓晨也不需要成为 100 分的患者。**

想通了这一点，晓晨也轻松了不少，在规律治疗 1 年后回到了学校。

在这个世界上，谁能是 100 分的人呢？我们的价值与 100 分无关。

夜晚的星空璀璨又宁静，或许在某一个时刻，站在诊室窗前的张医生，从治疗室下班的安宁，以及回到学校的晓晨，都曾在不经意间抬起头，在这片星空里感受到星光的微小、宇宙的浩瀚，以及星海微光却永不磨灭的力量。

→ 本章锦囊：发现青少年自伤，该怎么办？

✓ 父母应保持镇定，避免情绪失控

当父母发现孩子自伤，若总是情绪失控，比如哭泣、发怒，表现得比孩子更加崩溃，容易让孩子对表达痛苦感到更大的压力。孩子可能因此不再向父母呈现自己的痛苦，并对父母感到内疚，认为自己是父母的累赘，甚至背着父母自伤，造成更严重的后果。

先深呼吸让自己平静，再用平和的语气表达关心："我看到你受伤了，我很担心你，我们可以谈谈吗？"

✓ 父母应共情、理解孩子的感受，而非指责其行为

一般来说，在孩子自伤行为出现之前，其情绪已经出现问题，但没有被周围人及时发现，也没有及时得到专业帮助。若父母发现孩子自伤，可能会担心、愤怒或不解，但一定要先去关心孩子的感受，当孩子愿意表达时父母应尽力与孩子共情，对孩子的感受表示理解。若此时指责孩子，或急于说教，只会让孩子的

负面情绪加重，且更加没有宣泄的途径，从而带来更大的危险。

　　避免说"你这样做太不负责任了，怎么能这样伤害自己？"而是说："你最近是不是很痛苦？能告诉我发生了什么吗？"

✓ 父母应主动关心孩子的感受，而非不予理睬

　　自伤是孩子的求救信号，不是简单的"为了引起注意"，父母不应忽视。父母若长期忽视孩子的情绪情感需求，容易影响孩子的情感表达，导致孩子遇到情绪问题难以用恰当的方式应对和处理。很多孩子在自伤之前，都曾多次尝试过用语言表达自己的感受，但没有被周围人重视，也没有得到充分的关心和回应，在无可奈何之下才逐渐出现自伤。也有一些孩子陷入严重的抑郁情绪，感到生活没有意义，缺乏对一切的兴趣，通过自伤来感受自己"活着"。因此，若父母对孩子的自伤行为仍然不予理睬，不去关心孩子的内心感受，很有可能错失干预机会，导致更严重的自伤，甚至威胁生命安全。

　　避免说"这就是青春期闹情绪，别管他就好了"，而要试着理解孩子的自伤，并及时回应他："我想你现在一定很无助，如果你有更好的办法，自伤一定不是你的首选。如果你愿意多说一点让我们了解你的困难，爸爸妈妈一定尽全力帮助你挺过难关。"

✓ 父母应允许孩子表达负面感受，而非打压和禁止

　　孩子存在负面情绪并非绝对糟糕的事，敏锐感知自己的负面情绪可以让我们及时调整行为策略和认知视角，从而获得更好的

感受。父母应帮助孩子识别并正确表达负面情绪，而非把情绪看作无用的东西，导致孩子过分压抑真实感受。

可以对孩子说："人人都有负面情绪，能觉察到自己的不愉快也是很重要的能力。让我们来谈谈，看看有什么办法可以帮助到你。"

✓ 父母应承接孩子的情绪，而非与孩子比惨

有些父母在孩子出现自伤行为时，会觉得自己是失败的父母，难以接受，并表现出比孩子更强烈的痛苦，甚至像孩子一样伤害自己，想让孩子感到害怕从而停止自伤。这种威胁的方式不但不能缓解孩子的情绪压力，反而会把孩子置于绝望的境地，埋下更大的隐患。

镇定自己的情绪，并对孩子说："我知道你现在一定很难，你一定感觉糟透了。只要你愿意表达，爸爸妈妈都会认真听你说。"

✓ 和孩子讨论自伤的替代行为

探讨可以替代自伤的行为，替代行为可以是任何安全的行动，比如做感兴趣的事，通过音乐、绘画、运动来缓解，或与信任的人倾诉等。

耐心倾听孩子自伤的原因，在孩子表达时避免进行任何评判，并在了解原因后与孩子讨论下次出现想自伤的念头时，可以做哪些替代行为来缓解情绪。

✓ 及时就医，不要回避问题

若孩子出现自伤行为，父母不仅要以恰当的态度、方式给予回应，还要带孩子及时去精神科就诊，遵医嘱治疗孩子的情绪问题。此时不应讳疾忌医，不应因病耻感而拖延治疗。

告诉孩子："看起来你遇到了比较大的困难，不过这很正常，谁都有遇到困难的时候，你愿意找专业的医生一起来帮帮你吗？"

错误的关心方式

✗ 过度监控或强行控制

错误做法：没收所有尖锐物品、24 小时跟踪孩子。

可能的后果：引发权力斗争，让孩子更隐蔽地自伤或采取更危险的方式。

✗ 过度聚焦于自伤行为本身

错误做法：每天检查伤口、反复追问自伤细节。

可能的后果：让孩子将自伤视为获得关注的工具，而非解决问题的契机。

✗ 替孩子"解决所有问题"

错误做法：代替孩子向老师请假、强制参加社交活动等。

可能的后果：剥夺孩子的自主权，可能引发逆反心理。

给父母的长期建议

1. 父母要自我关怀

寻求家长支持小组或心理咨询，处理自身的焦虑和无助感。

2. 重建信任的亲子关系

通过日常生活中的点滴行动（如对孩子表达理解、减少抱怨、遵守承诺、尊重孩子的隐私等）逐步修复亲子关系。

3. 肯定微小进步

注意发现孩子微小的积极变化（如主动倾诉一次）并给予及时的肯定。

4. 改善家庭沟通环境

家庭氛围紧张，冲突频繁，可能加剧孩子的情绪问题。孩子有时会把父母争吵的原因归结为自己不好，并伤害和惩罚自己。父母可以练习减少指责，增加肯定，经常主动对孩子说："无论发生什么，我们都爱你。"

5. 父母的耐心、稳定和重视是孩子康复的重要支持

即使在短期治疗内看不到明显改善，接受持续的专业帮助和家庭氛围的改善仍会对孩子康复意义重大。

自己有自伤冲动或行为，如何自我调适

当自伤冲动来袭时：

- 准备自己的自伤应对预案库，提前列出可以替代自伤的行动。如向某个信任的人倾诉，写下或画出自己的感受，握住隔着毛巾的冰块（避免冻伤），撕纸，洗脸，吃一颗薄荷糖，在身上画伤口替代真实伤口等。

- 实施自伤行动前为自己设置"冷静三分钟"，让过强的冲动情绪得以减弱。

- 在冷静时间里回想自己的预案库，找到当前可用的替代行为。

- 向信任的人倾诉压抑的情绪，或者在纸上写下自己的感受，一边写一边梳理自己的想法、情绪和行为，直到平静后再将所写的内容撕掉。

- 在心里对自己说："我真的很不容易，控制自己很难，但我又做到了。"

  拨打全国统一心理援助热线12356，或当地精神专科医院的心理援助热线。

若已经实施自伤行为：

- 如有伤口应及时就医，进行专业处理，防止感染和恶化。
- 若有信任的紧急联系人，及时告诉对方你的情况以寻求帮助。
- 尽快去精神科就诊并在医生建议下寻求心理治疗。

自伤问题的长期应对：

- 自我理解而非自责，明白自己正带着痛苦努力面对生活，肯定自己的努力和不易。
- 记录自己每次冲动行为出现的情况，了解哪些事情或情绪容易引发自伤冲动，提前预警和求助，避免更坏的情况发生。
- 寻求专业帮助，如就医、接受心理治疗等。
- 明白情绪会反复，自伤冲动也许不能短时间内彻底消除，但也应积极治疗和面对，并允许自己在反反复复中逐渐走向好转。

第二章

当强迫症成为"武器"

→ 第一节　暴雨来临时的"访客"

又见"老"病号

下午 5 点 35 分，天色渐晚。正常的门诊下班时间是下午 4 点，而张医生今天又晚了 1 小时 35 分钟。

张医生察觉到异样，因为今天诊室的窗外明显比平时灰暗好多。虽然已是夏末，但白天依然漫长，这个时间若放在平时，还没到天彻底黑的时候。可是今天，即使开着窗，张医生也感觉闷得透不过气来，脸上厚厚的医用口罩更加重了憋闷感，令人浑身黏腻不爽。

"这是要下大雨吧？今天没带伞，得早点下班回家。"张医生一边想着，一边查询电脑上的门诊系统，确认今天的患者都看完了。

忽然诊室的门被推开，张医生还来不及收拾下班的东西，就被一位突然到访的患者家属拦住了。

"张医生，您好！我之前带孩子在您这儿看过。我儿子得的是强迫症，吃完药好多了。但我们自己减了药，现在情况又不太好了。昨天在家说了他几句，他情绪又崩溃了，一天洗了五次澡，每次都要一两个小时才能出来，每次都情绪崩溃，好不容易才劝来医院，真不知道该怎么办了。我们临时过来的，没挂上号，您看还能给加个号吗？我们大老远来的……"

张医生尚未回应，家属便自顾自地说起昨天家里的冲突。张医生看着妈妈着急的样子，心中理解，但一直没见孩子进屋，不得已打断她并询问道："孩子呢？我问问他的情况。"

妈妈一晃神儿，才反应过来孩子还没进屋。她回答道："哦，孩子在外面，我让他进来。"

这时，张医生才看到一个瘦瘦高高的男孩站在那里，妈妈进来时他一直等在门外，听到叫他才跟进来。

两股力量在较劲

他似乎对妈妈的话言听计从，张医生心想，同时在大脑中快速翻找起关于这个孩子的记忆。他的确是张医生看过的患者，叫袁昊天。如今 22 岁的他，已经不是生理意义上孩子了，但他妈妈谈论他的方式，很容易给人一种他还是一个小男孩的错觉。

昊天主动向张医生打招呼，有些抱歉地解释道："张医生好，好久不见！我又来了。我看医院门诊已经下班，大门都关了，可是我妈妈很着急，一定要进来看你在不在。我其实可以改天再来。"

张医生看到昊天表达清晰，情绪平稳，判断他当前没有急性的症状发作。同时，医院门诊确实已过了下班时间，无法加号。

张医生询问道："你好，昊天。你最近一次强迫症状发作是什么时候？这会儿感觉怎么样？"

昊天回答："我昨天和妈妈发生矛盾，情绪特别不好。后来去洗澡，不知怎么回事，一直洗不出来，而且洗完后老觉得哪里忘洗了，又去洗一遍。昨天一天洗了五遍澡，我确实很崩溃。不过今天我感觉好多了。我们今天下午刚坐火车到这里，准备明天看门诊，但我在车上洗了几次手，让我妈很焦虑。她受不了，非让我立刻来。我说来了医院也下班了，没必要，但她非要拉着我来。没想到您还没走！"

张医生考虑，此时是否加号对于昊天而言似乎有了不同的意义，这背后似乎有属于妈妈和儿子的两股不同力量在较劲。除了考虑门诊关闭等客观条件，张医生还要考虑充分尊重昊天的意愿，考虑如何做对昊天的治疗更有利。

最终，张医生选择向昊天母子解释，建议他们先回去，并帮昊天挂上了第二天早上的第一个号。

昊天母子走后，张医生又加了会儿班，看了昊天之前的病历摘要：

袁昊天，男，22 岁，汉族，未婚，某重点高校计算机专业大三学生，高中时成绩优异。因担心不卫生而反复清洁，担心出错而反复检查。症状间断持续 2 年，加重 1 个月，由母亲陪同首次至门诊就诊。

看着看着，张医生逐渐回忆起来。

"爱干净"的大学生被迫休学

昊天原本应该上大学四年级，但因为强迫症暂时休学。他曾偶然在网上看到一个视频，某人因工作环境污染，导致肺部感染治疗无效去世。之后，他总是忍不住担心教室里的粉笔灰被自己吸进肺里，因而不能认真听课，下课后也不能专心完成作业。后来又担心作业没做好而反复检查，导致压力骤增，期末有好几门课不及格。他目前计划开学后重新上大三，如果考试无法通过，也可能面临延期毕业，因此压力很大。

同时，由于强迫症的影响，昊天经常半夜上厕所时在里面反复擦洗，影响室友们睡觉。他又不懂得沟通，导致宿舍同学的不满。因此，昊天经常和他人起冲突，独来独往，没有什么亲近的朋友。他也很敏感，有时会觉得其他同学好像在背地里嘲笑他、议论他，却不知道如何应对。每当昊天出现强迫行为，他都会陷入极度焦虑，害怕被人看到自己狼狈的样子。昊天上次来到张医生的门诊，就是因为听到同学说他行为怪异，于是再也不想回到原来那个班级，决定休学一年。

昊天的强迫症症状较多，主要表现在每天耗费大量时间进行反复的清洁、擦洗，担心染病，以及反复地检查、确认，担心出错。在他产生这些担心染病或出错的想法并做出相应行为时，心理冲突很大：一方面认为这些想法和行为不合理，理性上想强制自己不去做；另一方面又感到难以控制，为此焦虑、痛苦、自责，有时情绪也会非常低落，甚至感到绝望。这些行为明显妨碍了昊天的正常学习和生活，给他带来很大困扰。

根据病历记录，昊天无明确精神心理类疾病家族史。但是，就张医生的观察来看，昊天的妈妈反而表现出较强的控制性，而且比较容易焦虑。

【知识点】

强迫症的主要诊断标准（部分）：

"A.具有强迫思维、强迫行为，或两者皆有。

1.在该障碍的某些时段内，感受到反复的、持续性的、侵入性的和不必要的想法、冲动或表象，大多数个体会引起显著的焦虑或痛苦。

2.个体试图忽略或压抑此类想法、冲动或表象，或用其他一些想法或行为来中和它们（如通过某种强迫行为）。

强迫行为被定义为以下1和2：

1.重复行为（如洗手、排序、核对）或精神活动（如祈祷、计数、反复默诵字词）。个体感到重复行为或精神活动是作为应对强迫思维或根据必须严格执行的规则而被迫执行的。

2.重复行为或精神活动的目的是防止或减少焦虑或痛苦，或防止某些可怕的事件或情况；然而，这些重复行为或精神活动与所设计的中和或预防的时间或情况缺乏现实的连接，或者明显是过度的。

注：幼儿可能不能明确表达这些重复行为或精神活动的目的。

B. 强迫思维或强迫行为是耗时的（如每天消耗 1 小时以上）或这些症状引起具有临床意义的痛苦，或导致社交、职业或其他重要功能方面的损害。

C. 此强迫症状不能归因于某种物质（如滥用的毒品、药物）的生理效应或其他躯体疾病。

D. 该障碍不能用其他精神障碍的症状来更好地解释。"①

当张医生关闭病历系统，他觉得直到此刻才像是看完了今天的最后一位患者。此时，墙上的钟表刚好走到下午 6 点。窗外的雷雨也乖巧地停了下来。阴云消散，夕阳又温柔地洒向大地。要不是窗檐上还滴着水，世界平静得就像刚才的一切都不曾发生。

---

① 美国精神医学学会.精神障碍诊断与统计手册［M］.第 5 版.北京：北京大学出版社，2016：228-229.

→ 第二节　复杂的诊断

怕脏是在怕什么

第二天，昊天母子准时来到张医生的诊室。一进门，妈妈就急忙向张医生报告昨天没说完的情况："医生，他最近强迫行为明显更多了，而且他开始要求我们和他一起做。以前是他自己做，没有要求过我们。现在搞得我什么也没法干，老被他要求做一些重复的事，您看这该怎么办啊……"

"能具体说说吗？"张医生问。

妈妈想了想说："比如上次从医院回去，他又反复洗手，不仅如此，他还开始要求我。正常来说我们从医院回家都会洗手，但他一定要我洗够 3 分钟。我洗完了他还怕没看清楚时间，因为一定要确认达到 3 分钟，否则他就很难受。我们没办法，只好再去洗一遍，让他看着洗，直到 3 分钟到了才行。就算我自己洗够 3 分钟也不行，他还非要亲眼看到我洗的过程，确认我按照他的要求洗……"

张医生向昊天确认，昊天同意妈妈的说法。他说自己也不想这样，感觉有些担心过度，只是实在没法控制。如果不能亲眼看着妈妈洗够 3 分钟，他就会坐立难安，莫名其妙地担心。他会因为给妈妈添麻烦而自责，痛苦严重时甚至想大哭一场。

张医生询问细节，想跟昊天确认他具体在担心什么。昊天难以描述，似乎担心妈妈因为没有洗干净手而染病，但又说不清是什么病。他只是希望尽可能地避免让妈妈染病，所以一定要看着她洗手洗够 5 分钟。

张医生追问："什么时候开始有这种担心妈妈染病的想法？我记得，你之前的强迫行为还仅限于要求自己洗手，是吗？"

昊天思考了好一会儿说："好像就是这一周的变化，我也不清楚具体是哪天。好像有一天，看见我妈在洗衣服，忽然就想，我妈真辛苦啊，我要关心她。好像同时我也有点担心那些衣服上会不会有残留的脏东西没洗干净，毕竟我妈也可能有不小心的时候。我感觉我需要多为妈妈操心，关心她的健康，我好像有这个责任。"

昊天托腮回忆着，好像还想补充什么。他认真的神情让人觉得他担心的一切仿佛真的会发生。张医生很认真地等待昊天思考，没有打扰他。

昊天好像忽然想到了重要的信息，补充说："对了，在看到我妈洗衣服之前，我在上网，网页上弹出一个小广告，广告图片是一个皮肤病照片。我本来想关掉，但这个图片似乎就印在了我的脑子里。紧接着看到我妈洗衣服，我就把这两件事联系起来，担心衣服洗不干净我们都会得皮肤病。嗯，我现在说到这个也觉得很紧张。"

张医生问:"你觉得衣服洗不干净就可能会得皮肤病吗?这种情况发生的概率有多大?"昊天解释:"我知道概率不大,但只要有可能,我就觉得很可怕。虽然我觉得我的衣服可能也没有太大机会沾上病原体,但是我也不能 100% 避免这种风险,比如空气中正好有传染病,再或者……嗯,我也不清楚,就是害怕。这好像挺不合理的。我想控制,却控制不了。"

张医生接着问:"你之前洗手、洗澡也是因为怕染病吗?"

"对,洗手也很重要,我有时还会反复洗澡。有时我也觉得没必要洗这么多次,而且洗完了也有可能再染上脏东西,但就是忍不住。"昊天说着,反复强调他也不想这样,却难以控制,神情非常委屈,眼眶一瞬间红了。

到底有多严重

张医生觉得,昊天的想法虽然比较偏执,但他对症状的不合理性有一定自知力,认为没必要担心却忍不住担心,并对此有明显的冲突感、痛苦感。因此,应该可以排除精神病性症状。张医生想起,昊天在学校里也存在人际关系问题。他的过度敏感、担心似乎不仅表现在对干净卫生的追求上,也体现在人际关系上。

为了进一步澄清昊天的症状表现,张医生又问:"昊天,我记得你以前有过担心被人议论、嘲笑的想法,现在还有吗?"

昊天解释:"有,最近比较少,因为休学后很少去学校,在家就不会担心了,只是想起那些同学,我还是很不舒服。"

【知识点】

　　自知力指一个人觉察、了解自己精神心理状态的能力。如果一个人有精神心理上的症状，自己知道存在问题，能描述症状且主动求治，可以判断其自知力比较完整。自知力是否完整是精神科诊断的一项重要指标。

　　"你觉得你确实听到或看到了他们在说你，还是担心会被议论，所以有这方面猜想，只是没有亲眼证实？"张医生追问。

　　"这个我确实听到过。我室友有一次不知道我在厕所里，他们议论了几句被我听到了。从那之后，只要我看到他们背着我聚在一起，我就觉得他们可能在议论我。"昊天回答。

　　"好的，当你只是看到他们聚在一起聊天，就会怀疑他们在议论你，还是坚信他们一定在议论呢？"张医生继续问。

　　"那，应该也不是非常确定吧。我觉得可能性很大，但不能完全确定。或许我这个人比较敏感多疑。可是，就像我之前说的，就算只有一点可能性，我也接受不了……"昊天回答着张医生的问题，语速加快，似乎情绪更加激动。

　　经过一番确认，张医生确定**昊天的情况并不属于精神分裂症，而他在人际关系上的敏感，也还没有达到妄想性障碍**。张医生判断，昊天目前在药物治疗方面主要还是应该进行抗强迫治

【知识点】

妄想性障碍又称偏执性精神障碍。它和强迫症的相似之处在于，患者的思维都存在一定的偏执特点，但主要的区别在于，尽管存在与荒谬信念明显冲突的证据，妄想性障碍患者仍然对此信念坚信不疑，其想法是非常牢固的，且妄想的内容比较古怪荒谬，患者对此缺乏自知力，也缺少矛盾冲突感。

疗。但针对他的偏执想法和冲动情绪行为，在治疗上可能还需要配合小剂量的抗精神病类药物和情绪稳定剂。在药物治疗减轻症状对患者生活、学习等各方面影响的前提下，张医生建议昊天配合心理治疗去调整他的不合理想法，讨论其想法背后的情绪、感受，进一步帮助自己理解强迫症状中的未被满足的心理需求。

"吃药"其实并不可怕

根据诊断，张医生给昊天调整了药物，并叮嘱说："昊天妈妈，吃药一定要遵医嘱。强迫症的很多药物起效比较慢，我们要保证足量足疗程，效果好的情况下推荐使用至少一年，不建议自己停药。我记得你之前说过他感觉有好转就自己减药了，这样做很可能会复发。"

昊天妈妈一边点头，一边也对这样的调整提出疑问："医生，

【知识点】

强迫症的治疗有时候需要合并使用抗精神病药物，但这并不意味着患者被诊断为精神分裂症。有些抗精神病药对减轻患者偏执的想法以及缓解抑郁、焦虑等情绪体验均有效果，因此除了用于治疗精神分裂症，还可以用于重性抑郁障碍、双相情感障碍、强迫症等精神障碍的治疗。

我之前看说明书，好像他吃的有些药是治精神分裂症的？您是怀疑他有这方面问题吗？为什么还要加量呢？这种药吃多了不会有副作用吧？"

张医生给患者开药，常常会听到类似的疑问。他完全理解，担心药物依赖、担心不可逆的副作用、担心用药是否适合自己，是很多患者和患者家属的常见顾虑。

张医生从三个方面做了说明：

首先，目前的用药有助于减轻昊天的强迫症状，调整他的认知功能和情绪状态；其次，药物副作用是常见的临床现象，因人而异，一般过几天就会减轻或消失，因此不必过度紧张；最后，患者有对药物疗效或副作用的困惑应及时反馈精神科医生，不建议患者自己根据药品说明书或网络上的不完善信息调整用药。

【知识点】

1.服用精神类药物的常见误区

● 不遵医嘱，在未充分了解精神医学知识的情况下，根据片面信息自行更改服药方案，导致药物使用混乱或疗效不明显；

● 感觉自己好多了，因担心药物依赖，自行停药后导致复发；

● 首次服药后出现不适，过度紧张，过度猜想药物的副作用，甚至一吃药就给自己不良的心理暗示，导致用药焦虑；

● 给"吃药"贴标签，认为吃药是不好的，不正常的，甚至感到"丢人"；

● 不舒服时不去医院，而是过量服药，如过量使用情绪稳定剂或助眠药物，导致不良反应；

● 不规律服药，想起来就吃，想不起来就不吃，影响疗效或导致复发。

2.正确的服药方法

● 遵医嘱按时按量规律服药，以提高服药依从性；

● 出现用药不适，及时就医，根据医嘱调整用药方案，避免自行调药；

● 和医生沟通对药物副作用的疑虑，对副作用有正确的理解，避免夸大；

● 对药物的起效速度有合理预期，减少因期待过高带来的落差和焦虑；

● 很多人或多或少都存在精神或心理层面的困扰，不要戴着有色眼镜看待精神类疾病和相关药物，如有必要可以和心理治疗师讨论来降低病耻感。

最后，张医生与昊天约定了下次精神科门诊的见面时间，并建议昊天接受心理治疗。

→ 第三节　哀怨的妈妈

沉默的儿子，急哭妈妈

在看完精神科门诊后，昊天母子采纳了张医生的建议，来到心理治疗门诊。今天值班的正是心理治疗师安宁。

和在精神科门诊一样，昊天的妈妈表现得比昊天本人更加急迫，而昊天则跟在妈妈身后，像一个尚未成年的孩子。

安宁发现，当她询问昊天的情况和诉求时，妈妈总会抢在前面替他回答，而安宁则需要再和昊天确认是否同意妈妈的说法，是否还有什么想要补充。昊天的被动表现，让人不确定是不是他自愿想来的。

在几句简单的开场对白里，安宁感受到了这对母子的互动方式。她又看了一眼昊天在精神科就诊的电子病历，对昊天的家庭因素产生了更多好奇。虽然昊天已经成年，安宁还是决定在询问过他本人的想法后，邀请妈妈一起参与今天的初始会谈。

安宁问昊天："我看刚才妈妈介绍你的情况时，你好像也想说话，但是后来又不说了。是什么原因呢？"

昊天否认道："哦？有吗？我没想说什么，就是我妈说的那样。”

安宁点头，表示接收到昊天的反馈，没有做更多评价，开始询问起这次发病的具体原因。

妈妈继续解释：“我们和张医生也说了，这次本来是因为我在家里说了他几句……我这个人就是希望家里整整齐齐的，也想让他养成好习惯，不要把自己的衣服裤子扔在客厅沙发上。他总是记不住，我就着急，提醒他，他还不听，我就有点儿生气，朝他喊了几声……他平时都很乖的，从小到大都听话，就是**得了这个病以后才开始不听话了。那天他就顶撞我，说我对他控制得太厉害**。这个孩子一直很听话的，现在真是一句都不能说……”

妈妈说这些话时，安宁一边听着，一边也观察着昊天。昊天的脸色明显阴沉下来，他刚才进屋时还坐得笔挺，现在头越来越低，整个身体都快蜷到了沙发里了。

安宁再次试图邀请昊天加入谈话：“昊天，妈妈说的是这样吗？你有没有什么需要补充？”昊天摇摇头，神色依然凝重。

昊天妈妈催促道：“说话呀儿子，医生问你呢。你有什么问题就自己和医生说。”

昊天似乎小声嘟哝了一句“没有”，又不再说话了。

安宁把自己看到的景象向昊天妈妈描述道：“昊天妈妈，我看到在您跟我讲述这件事情的过程中，昊天的头越来越低，都快钻进沙发里了。不知道您对昊天现在的状态有什么感受？”

昊天妈妈沉默了一会儿，忽然像泄了气的皮球，仰头靠在了座椅靠背上，长叹一口气，眼泪顺着眼角流下来。昊天微微抬头瞥了一眼妈妈，把头低得更深了。安宁把桌上的纸巾向妈妈座位的方向推动了一点儿，妈妈抓出好几张纸，一边擦去眼泪，一边更大声地抽泣起来。

一切为了儿子，却正在失去儿子

过了一会儿，她边哭边说起家里的情况。原来，昊天爸爸在五年前出轨，当时昊天正读高三。为了不影响昊天高考，父母约定办理离婚后暂时向儿子隐瞒真相，维持表面的夫妻关系直到儿子考上大学。上大学后，**昊天得知父母离婚无法接受**，并想尽办法弄清楚了爸爸当年出轨的真相。此后，他就时不时地失眠、焦虑或者陷入情绪低落，有时候还会出现一些轻微的强迫症状。但是当时家人并没有注意到这些异常。直到大三开学，昊天的强迫症状越来越明显，严重影响到上学和人际关系，他这才告诉妈妈想去医院看看。而此时，爸爸已经离开家两年了。

妈妈哭诉道："其实我儿子这个样子不是第一次了。我没有怨气，我得理解他，他现在是病人，他要怎样就怎样，我只能接受。但我发现，**我越退让，他越难搞，我和他沟通真的越来越难**。每次在家说他什么，他要么顶撞我，要么就是，低着头一句话也不说。我有时候心里难受了，他也不像原来小时候那样关心我，问我一句'妈妈你怎么了？'感觉这孩子生病以后越来越冷漠。我也觉得是不是我和他爸离婚导致他生这个病，但是这事也过去几年了，**那么多离异家庭的孩子也没事，我想他应该也不至于。我真的不明白为什么他会变成现在这样……**"

安宁刚想说点什么，妈妈又继续说道："他一开始出现强迫，我们没有及时发现，我感觉对不起孩子。不知道他是不是觉得我不关心他，所以才是这种态度。但他从小到大主要都是我在照顾，他爸成天在外面，在家的时候也不管什么事。反正我和他爸的关系一直都不好，那就是一个不负责任的人，我当初就是看错了人。算了，不说这个，总之我对我儿子没少花心思，**我生命中最重要的就是我家昊天。**他现在和我这么疏远，我很伤心。我虽然经历了这么多事，但是我其实都能扛过去，我不需要谁的关心，我就是想好好关心我儿子。"

失控

安宁看着眼前这位伤心的母亲，深表理解，但也同时能感受到昊天妈妈的情绪里充满着几乎溢出房间的怨气。**这位母亲所有的委屈似乎都指向过去，指向自己失败的婚姻，同时似乎也在指向座位对面的儿子，**仿佛实际上在说："妈妈已经这么难过了，儿子你为什么不理解，不听话，不能好起来？"

或许昊天妈妈自己也没有意识到，她的这些话，是那么强烈地表达出自己需要被理解、被关爱，甚至让人担心她会不会对身边所有看不见她伤痛的亲人都发起这种隐形的攻击。安宁想，**爸爸离开后，昊天似乎成了唯一能承受妈妈负面情绪的人。但很显然，昊天已经难以轻松地消化这些情绪了。**

安宁一边记录重要信息，一边快速消化着这些信息对昊天治疗的意义，并在大脑中做出一些假设。根据临床经验，安宁知道强迫症是一种很具有"控制性"的病，它的出现往往和患者的失控感有关。"他是感到对父母婚姻和家庭的失控吗？还是对妈妈这种吞噬性的情绪感到失控？抑或对自己的人生状态感到失控？昊天和爸爸妈妈的关系在病前病后有着怎样的变化？父母离婚前，他和爸爸的关系好吗？"安宁思索着，但不能妄下结论。她需要在接下来每周一次的会谈中，谨慎地带着这些假设，继续尝试靠近昊天本人的感受。

→ 第四节　症状的"功能"

得不到又离不开的那个人

经过三次会谈，安宁对昊天的病情发展有了整体的了解，但仍然感觉较难走进昊天真正的内心世界。

每当安宁问起昊天想通过心理治疗解决的问题，以及他当下面临的主要困难，昊天都会把话题集中在强迫行为本身和由此带来的学业压力上。困扰他的无非是强迫行为导致他不能正常听课、难以和同学相处，以及难以高效地完成作业和考前复习。这一切都让他对自己能否正常毕业，能否顺利拿到本科文凭感到担忧。他甚至不敢去想自己的未来，害怕因为强迫症而失去大好前程。

然而安宁知道昊天的压力来源不止于此。

如果现在还有什么昊天能够掌控的，会是什么呢？既然好起来对他而言那么重要，在他的内心深处，又是什么样的需求维持着症状的存在呢？

安宁试图将话题扩展和深入，不过首先还是要回应昊天此刻正在表达的感受。安宁说："我知道你以前学习成绩一直很好，考上这么好的大学，是全家人的骄傲。但是现在生病成绩滑落，甚至可能无法毕业，这种巨大的落差一定是让人感到失控的。"

昊天点头。

安宁接着问："我比较好奇，你的爸爸妈妈对你现在的成绩滑落是什么态度呢？"

"他们就是和我一样着急呗，但是他们也没办法，是我给了他们很大压力。我妈之前不知道因为什么把我爸微信都拉黑了，现在又加回来，而且她总给我爸打电话说我的事。我让她别打了，我不想我爸再来管我，反正我爸现在重新成家了，他也管不着我。"昊天答道。

"哦？爸爸重新成家了，这是什么时候的事？"安宁问。

"嗯，就今年。**不过他还是经常装出关心我的样子**。我妈找他，他就找我。我有时候很烦不想回复，他就会再去联系我妈。反正都是说些没用的话，又改变不了什么。"昊天面无表情地回答。

"装出？"安宁询问。

"不知道，也可能是真的吧。反正我现在很难再相信我爸了，我不知道他的真实想法。"昊天对"装出"一词重新做了解释。

崩塌的父亲

"你现在也不太确定爸爸是不是真的关心你，这好像也挺让人有失控感的。"安宁试图对昊天在人际关系中的失控感做出一些反馈。

"还好吧，我不关心。"昊天没有正面回答。

"似乎你的病让他们很焦虑，而且为了讨论你的问题，即使爸爸已经再婚，他还是会经常和妈妈有联系。"安宁继续反馈。

昊天不置可否。

但在安宁看来，昊天症状的"功能"已然浮出水面，似乎爸妈已经破裂的关系在昊天强迫症的影响下，有了更紧密的联系，虽然这样的联系远不能让他们重修旧好，但或许也可以成为孩子心中的一份慰藉。

"你以前和爸爸妈妈关系怎么样？生病以后有什么不同吗？"安宁追问。

【知识点】

症状的"功能"并非一个严谨的说法，通常用来描述症状的两面性（或多面性），即症状除了给人带来痛苦，有时还会带来一些重要的、隐形的意义。当事人或许能够意识到这些隐形的意义，也或许意识不到。因此，有些说法认为，患者可能会在意识层面想要消除症状，却在潜意识中渴望维持症状，以此维护症状带来的重要意义。但这一说法并非人人都适用的定论，需要具体情况具体分析。

　　昊天回答："以前挺好的吧，他们俩总吵架，但是我感觉他们都挺爱我的。从小是我爸辅导我学习，我妈管我生活多一些。说起来，我爸也是我现在这个大学毕业的，**我小时候就是以他为榜样**，才想考这所大学。没想到考上以后，竟然……我有时候恨这个大学。早知道我爸是这样的人，我就不会想考和他一样的学校。他要是关心我，关心我妈，他怎么会……我现在不知道什么是真的什么是假的，一想就很焦虑。"

　　安宁感受到昊天心中巨大的失望和不安。**父亲这个曾经被他理想化的形象突然间在他心里全面崩塌**，加上他看人看事存在**非黑即白的极端认知**，容易过度概括化，以点概面地评价人和事。这让失望变得具有毁灭性。

　　对父亲的讨论，让安宁跳出了对昊天症状本身的关注，并且把昊天的整个成长经历串联起来，从更宏观的角度去观察强迫症状的发展特点。

【知识点】

　　非黑即白的极端认知是指要么认为一个人或一件事完全是好的，要么认为完全是坏的，容易因为部分线索而对人或事做出不客观、不全面的评价。在昊天童年时，他曾把父亲看作自己的榜样，对父亲抱有几乎完美的、理想化的期待，并且希望自己能和父亲考上同一所大学，成为和他一样的人。但父亲出轨的事实让昊天感到挨了当头一棒，对父亲的完美想象一下子灰飞烟灭，甚至对自己一直以来向父亲学习的自我要求也产生了怀疑。

实际上，这种极好极坏的想法都是不客观的，很多儿童青少年往往更容易存在这种极端的认知。昊天虽然已经成年，但由于一直接受过度保护和管控严格的家庭教育，心理不够成熟。他需要通过心理治疗逐渐意识到自己的父母不完美、父母和很多人一样都会有犯错的时候，他对深爱的人也可能同时怀有怨恨，从而逐渐整合对父亲的爱与恨产生的冲突。

怎么爱也爱不对的妈妈

从最初起病时的家庭关系，到首次确诊时在学校发生的人际冲突，以及最近开始要求妈妈和他一起完成强迫行为……安宁发现，纵观昊天的病情发展史，他的每次发病都和身边重要的人有关。

安宁想要趁热打铁，于是开始追问昊天和妈妈的关系。因为从母子在首次访谈中的互动来看，妈妈的情绪和行为给人以很强的压迫感，有时甚至让整个空气都变得凝重。

在安宁看来，只要是在这个治疗室里，一切的发生和改变，即使是空气的味道也可能是治疗的线索，因此安宁不愿遗漏任何一个细节。虽然昊天妈妈只参与过一次会谈，但她留在这间屋子里的感受却是那么强烈。当安宁仔细体会那份感受时，似乎感到一丝窒息和隐形的情绪控制。

但是，当话题转向妈妈时，昊天却再次变得被动和少语。昊天说："我妈一直照顾我的生活，到现在也是，我们挺好的，没有什么问题。**但是他们离婚以后，我更想保护我妈了。**不知道是不是这个想法也让我变得开始要求她和我一起反复洗手。但我觉得**我有责任管她，必须确保她的健康我才安心**。"

"你很爱她，担心她，心疼她。"安宁回应。

"是啊，那是自然。她只有我了。她是独生女，没有兄弟姐妹，而且我姥姥姥爷几年前都已经生病去世了。**我妈只有我，她比我的学习还重要**。"昊天回答。

"哦，比你的学习还重要。"安宁重复昊天的话，然后继续说道："似乎妈妈也是同样看重你，我记得她说过你也是她最重要的人。你的妈妈之前在这里哭得很伤心，好像很担心你对她的态度，很怕你和她疏远，或者不爱她。你会是这样吗？"

昊天叹了口气，回答："我不会的，我很爱我妈妈，但是，有时候我感到她确实也很烦。我妈经常唠叨我，对我要求很多，但我知道她是爱我、关心我，所以我理解她的做法。只不过有时候我心情正烦躁，她又要求我这样那样，做不到她就生气，在家也哭，说我不知道关心她，气她，觉得我不懂事……我虽然气急了也和她吵几句，但觉得她说得有道理，我确实做得不够好。**我心里是很关心她的，但是怎么也做不好**。"

"妈妈说你不关心她，和你生气，那个时候你有什么感受？我记得你上次在治疗室里一直低着头。"安宁问。

"我？我挺难受的吧。"昊天回答。

"既委屈，又认同，可能也会对自己感到失望和愤怒？"安宁对昊天的感受进行反馈，想做更深度的共情，却发现昊天已经红了眼眶。他补充道："我难受时也想洗手，或者洗澡。我妈看我不好就不会再说我，只会想着怎么宽慰我。我妈真的很爱我。"

在安宁的假设里，还有一句话没说出来，那就是，**昊天或许感受到妈妈的爱具有很强的控制性，慢慢地，他也发展出同样具有控制性的方式去爱妈妈，**比如要求她洗手来保证她的健康。这与妈妈爱他的方式几乎如出一辙。而且，症状一发作，妈妈就会停止抱怨和唠叨，这似乎能让昊天得到片刻的喘息，而不必对妈妈抱有愧疚。

但是安宁没有马上反馈，因为这样的反馈是一种冒险——如果昊天没有做好准备，很有可能遭到否认，或者引发昊天对治疗师愤怒的**移情**。

"有用"的病

安宁想，截至目前的这些讨论，可能已经越来越靠近昊天心中的真相——**强迫症状在他的重要人际关系中发挥着功能，**或许是促使爸妈联系以满足他对父母和好的幻想，或者是反抗妈妈的

【知识点】

　　移情是精神分析理论中的重要概念。简单来说，在心理治疗中的移情，可以理解为来访者将自己过去与重要他人相处时的经验和情感转移到与治疗师的相处中，这个过程很多时候是在潜意识中发生的。昊天对妈妈的感情实际上可能非常复杂，除了爱，还包含愤怒、愧疚等多种情绪。其中对妈妈的负面感受很可能被昊天压抑，暂时无法在意识层面表达出来，但它们在潜意识层面仍然存在，可能会通过症状表达，并影响昊天与治疗师的关系。

　　移情在心理治疗中起着重要的作用。治疗师需要敏锐地识别来访者的移情，并进一步理解来访者与重要他人之间微妙的关系，从而促进治疗的进展。

情绪控制而减少内疚，再或者是用无法上学表达自己内心的愤怒和对背叛的惩罚……无论如何，所有的假设终归是假设，重要的是安宁需要让昊天学会理解自己的真实需求，而不是打压、否认和对抗它们。

　　需求本身无关对错，只有用恰当的方式得到满足才会释然。用强迫症状去满足自己的需求，化解内心的冲突，无疑是杀敌一千自损八百，显然不是一个恰当的解决方式。

→ 第五节　改变悄然发生

为什么不想好起来

随着心理治疗逐步推进，昊天对自身症状的心理、社会因素都有了更多认识，也能够表达一些更深层次的情绪感受，并且开始尝试面对自己某些难以启齿的心理需求了，在大部分时间里的情绪状态变得更加平稳。

同时，治疗师安宁也发现，治疗好像进入某种看似顺利的瓶颈期。一方面，安宁与昊天的沟通能够逐渐深入，也能看到昊天在认知和情绪上的变化，但是每当安宁对昊天的好转进行反馈，下周见面时，昊天就会告诉安宁一件最近发生的事情，导致他的情况仍然无法稳定。

一开始，安宁对此进行了正常化的干预，让昊天对治疗过程中的波动有所预期，希望减少他对疗效的焦虑。但是仅仅做这些，并不能帮助昊天明显减少强迫症状。

昊天的妈妈陪他去精神科复诊时也说，昊天现在情绪确实平稳了一些，但是也对妈妈提出了很高的要求，强迫的症状并没有特别大的好转。妈妈每天谨小慎微地面对儿子，感到十分疲劳。

对此，安宁和张医生也进行了一番讨论。经过精神科门诊和心理治疗门诊的信息交换，他们发现了一个之前可能被忽略的重要细节——**昊天现在究竟想不想真的好起来？**

也就是说，如果昊天的强迫症有所好转，之前由症状带来的功能该通过什么方式去维持？妈妈会不会不再谨小慎微，而又变得充满抱怨？爸爸会不会不再内疚，从而减少对昊天的关注？昊天是不是要尽快复学，落下的课程能否弥补，该怎样弥补，又该如何面对自己已经落后的现实？

怎样才能好起来

"可是，昊天已经22岁了，如果本科正常毕业，他其实很快就要步入社会，像一个真正的成年人那样去承担自己人生的责任。"安宁说。

"是啊，我在门诊已经发现，他被妈妈过度关注，养成了一个长不大的小男孩。他现在没有自信，像小孩子一样需要父母的关注，自己无法承担责任。**强迫症状可能是他的退行和自我保护，**可以理解。"张医生说。

"还是需要帮助他提高自信，教给他应对问题的成熟方法，帮他完成从青少年走向成年的过渡。"安宁回应。

经过交流，张医生认为，药物治疗的确能够在一定程度上缓解昊天的强迫症状带给他的痛苦以及对他学习、社交方面的影响。但是**对于存在很多家庭问题和自身性格问题的患者来说，心理治疗必不可少！**治疗师安宁打算从个体自尊提升的角度，与昊天继续讨论更有建设性的问题应对策略。

同时，安宁在昊天的同意下，也试探性地邀请了昊天父母一同来到诊室进行家庭会谈。看得出，昊天的父母确实有着很多隔阂，但他们对昊天的爱都很深厚。安宁知道，是这份爱促使他们离婚以后仍愿意坐在一起。昊天并不是没人爱的孩子。

又经过了八次家庭会谈，安宁与这个已经破裂的家庭共同讨论出一个所有成员都能接受的相处方案。这让昊天心里对失去爸爸的恐惧降低了不少。同时，妈妈也开始意识到除了关注儿子，她还有自己的生活，她也有权享受属于自己的人生，她的快乐可能比给儿子洗多少衣服做多少饭，更能让儿子感到轻松。妈妈开始尝试着调整自己的生活；爸爸也再三表达对昊天的重视，以及对这个家庭的内疚，并且承认和感谢昊天妈妈曾经对家庭的付出。昊天的父母约定，以后尽量不再跟儿子抱怨彼此，也鼓励儿子自由、充分地与父母双方来往。

安宁知道，让昊天的父母做出这样的改变实属不易。在帮助昊天时，她也充分重视了父母的感受，并在持续八次的治疗中给了父母很多支持。同时，张医生也建议昊天的妈妈进行一定的精神科药物和心理治疗。妈妈对此表示接受。

小男孩终究会长成大人

"我觉得，我有时害怕自己好起来。" 终于在最后一次心理治疗中，昊天向安宁袒露心声。**"但是，我现在好像不怕了。"** 昊天又补充道。

安宁发自内心地为昊天感到高兴，她相信，昊天这一次是真的有了像成年人一样面对人生的勇气。或者说，这样的勇气和能力昊天本来就有，只是到今天才被他自己充分地相信。

小男孩终究会长成男人，但成熟并不意味着失去为人子女的快乐，而是意味着，他将会获得对自己人生真正的掌控感。

治疗结束时，又是在一个黄昏。安宁看了看手表，4:35 分，距离正常的下班时间刚刚超过 5 分钟。和昊天进行告别后，安宁目送他从诊室离开。

昊天今年首次就诊时还是夏季，此刻走出诊室已经是冬季了。走出医院大门，昊天松了松脸上的口罩，感受到空气的清凉。医院门口的大树光秃秃的，全然不见夏季的繁盛。但是在他心里，这些干枯和寒冷只是暂时的，他已开始对万物复苏的春天有了期待。

→ 本章锦囊：孩子患有强迫症，父母该怎么办？

✓ 理解强迫症的疾病特点，避免要求孩子控制自己

强迫症是一种以焦虑情绪为底色的疾病，也会伴有抑郁的情绪体验，孩子越是觉得不应该为某个问题担心，越是控制不住地担心，并且为了缓解这种焦虑做出一些仪式化的行动。这种为了抵消焦虑而出现的行为，如洗手、检查等，也会成为孩子的困扰，孩子越是觉得不应该，越是焦虑得难以停止。

因此，强迫症状无法单纯靠意志力控制，越想控制反而越严重，周围人越劝其控制，孩子压力越大，越容易出现强迫行为，对疾病治疗不利。

家长应理解孩子的疾病痛苦，允许其倾诉和表达，多倾听少评论，允许其症状暂时存在并耐心陪伴其进行系统治疗。同时，不要对孩子说类似的话，如"你控制自己一下，不要洗那么久"。

✓ 和孩子一起面对焦虑，避免卷入强迫仪式

有强迫症的孩子很多时候会提出需要家长帮助其执行强迫行为，如帮助确认、帮助检查、帮助清洁等。家长为了缓解孩子的焦虑，可能会和孩子一起陷入强迫仪式，如帮孩子进行确认、检查，或者替代孩子完成本应孩子自己完成的事情，结果是孩子更加无法正常生活。

当孩子提出需要家长帮助其进行仪式化行为时，可以试着对孩子说："我知道你非常焦虑，让我们一起来忍受一下这种不确定性，好吗？无论发生什么，我们都会和你在一起。"

✓ 强化积极行为，肯定微小进步

有强迫症的孩子往往非常关注自己的症状，且因为担心症状发作而出现更多焦虑。家长如果也对孩子的症状十分关注，会增加孩子压力，强化症状。

家长应营造轻松、积极的家庭环境，减少对强迫症状的关注，多给孩子积极反馈，即时具体地肯定孩子的微小进步。

✓ 积极就医，耐心治疗

有强迫症的孩子需要积极配合医生进行治疗。家长应理解，该疾病并非在家调养可以自愈，也并非接受治疗就能立刻好转，药物和心理治疗起效都需要一定的时间，且在治疗的过程中症状会出现正常的反复。即使好转，也不能随意停药，应遵医嘱

逐渐减药，否则断药带来的症状反复会给孩子的后续康复造成阻碍。

家长应把孩子症状的每一次反复都看作提高应对技巧的机会，而不是治疗的失败，坚持以积极的态度陪伴孩子就医，严格遵照医嘱治疗，切勿自行调整治疗方案。

✓ 家长应做好自身心理建设

很多家长会在孩子生病以后过度反思自己的问题并陷入焦虑、暴躁、抑郁及各种情绪困扰，比如担心孩子生病是自己作为妈妈／爸爸做得不好，担心孩子症状反复看不到未来的希望。这些心态都会潜移默化地加重孩子的心理负担，不利于孩子康复。

家长应调整自己的情绪状态，明白自己对孩子的成长的确有不可忽视的影响，但不是孩子生病的唯一原因。家长应接受孩子生病的事实，以积极的态度处理自身情绪，这有助于孩子更积极地自我接纳，更勇敢地面对疾病，更主动地接受治疗。家人的信心也会帮助孩子建立治疗信心。

自己有强迫症，应该如何自我调适？

✓ 自我理解而非自责

有强迫症的人往往对自己要求严格，达不到理想状态时容易自责，甚至自我惩罚，特别是会责怪自己"为什么不能控制住症状"，这反而会引起更大的焦虑和失控感。

因此，自我理解是治疗强迫症非常重要的一步。我们应明白，强迫症就像感冒一样，不是想好就立刻能好，不必因生病而责怪自己。

✓ 自我认可而非否定

有强迫症的人可能会时常自我怀疑和否定，认为病情顽固是因为自己不够有意志力，内心不够强大。实际上，我们应肯定自己带着疾病生活而做出的巨大努力，充分认可"自己已经尽力了"这个事实。

✓ 与不安共处，接受"不确定感"

强迫症有一个特点，就是你越是努力排斥症状的发生，反而越会增加对症状的关注和焦虑，导致症状更加顽固。相反，若能放松下来，用接纳的心态面对症状，带着症状去做该做的事，更有利于病情好转。

✓ 不以"完全消除症状"为治疗目标

应理解强迫症的正常治疗周期和反反复复的治疗过程，关注长期变化，对治疗抱有希望和信心，不要认为只有彻底、完全的好转才是康复。只要能在接受治疗的情况下逐渐降低症状的严重程度和出现频率，减轻症状对正常生活的影响，就可以带着症状去生活。之后，再根据医生的评估逐渐减少服药量，达到基本可以正常生活的程度即可。

第三章

无法停止的深夜加餐

→ 第一节　苗条的贪食者

"丑小鸭"艰难的青春

"我，我好像被食物困住了，暴饮暴食停不下来……我不想这样，但无法控制自己。"

说这话的，是一位今年刚满 18 岁的年轻女孩，沈明月，现在已经离开老家，在大城市里当了一名公司前台。

她穿着一袭修身连衣裙，高挑的身材、曼妙的腰身，加上一头精心打理过的长发和精致的妆容，让她在人群中脱颖而出。

从打扮上看，她似乎有着超出实际年龄的成熟，但说起话来，神情和语气中又藏着青春少女的青涩。她的形象与"暴饮暴食"四个字似乎不搭，要不是她此刻正在眉头紧锁地描述病情，谁也不会想到，这是一位已经确诊的进食障碍患者。因为她看起来只是在常人中偏瘦，既达不到肥胖，也没有过度消瘦。

沈明月告诉安宁，在她 15 岁刚上中专时，就已经被精神科医生诊断为焦虑障碍与神经性贪食，那个时候她曾一度受到肥胖的困扰。

安宁翻了翻本院的电子病历系统，没有找到沈明月的就医记

【知识点】

　　神经性贪食属于进食障碍（eating disorder，ED）中的一类，是"以反复发作、不可控制、冲动性地暴食，继之采用自我诱吐、使用泻剂或利尿剂、禁食、过度锻炼等方法避免体重增加为主要特征的一类疾病。

　　与神经性厌食相同的是，神经性贪食患者也存在对体重和体型的过分关注和不客观评价；不同的是，神经性贪食患者不那么极端，体重多正常或轻微超重。30%～80%的神经性贪食患者既往有神经性厌食病史。"[1]

　　神经性贪食常常与至少一种其他精神障碍共病，如双相情感障碍、抑郁障碍、焦虑障碍、心境障碍，以及某些人格障碍，其中边缘型人格障碍相对较为常见[2]。

　　在本案中，沈明月的诊断即为神经性贪食共病焦虑障碍。

录，于是向她确认道："之前是在哪家医院精神科确诊的？最近一次去看精神科是在什么时候呢？"

---

　　[1]　陆林.沈渔邨精神病学［M］.第6版.北京：人民卫生出版社，2018：557.

　　[2]　美国精神医学学会.精神障碍诊断与统计手册［M］.第5版.北京：北京大学出版社，2016：338-339.

沈明月一边拿出纸质病历，一边回答："我从小学到初中都比较胖，也不好看。初一时，班里有个男生说我像一只胖鸭子，很伤害我……"明月停顿下来，安宁关切地看着她，等待着。

明月稍做犹豫，继续说："算了，告诉你吧。其实那个男生，嗯，他长得很帅。我当时喜欢他，但是被他拒绝了。**后来听到他和我同桌说，觉得我很丑，很胖，像一只胖鸭子。我挺恨他。在那之后我发誓一定要减肥，**从每天减少一顿饭，到最后我可以一天只吃一个苹果或者一把青菜。如果吃了主食，我就一定会去操场跑步，把吃的东西全部消耗掉。"

"到初二时，我已经从140多斤瘦到不足90斤了。很明显，班里开始有男生对我感兴趣，而且**第一次有女生说才发现我这么漂亮。**我当时挺高兴的，很有满足感，也很害怕再变胖。"

"但是不知道为什么，我可能是太饿了，有时候会突然忍不住大吃一顿。到初三快毕业时，我又稍微胖了点，那时候差不多**反弹到了100斤，**还不算很胖，而且很多人仍然认为我很瘦。可是我心里很慌，如果这么发展下去，我很怕又回到以前胖的样子。"

"**胖真的让我很自卑。**但是越担心，我就越容易想吃。最夸张的时候，我一天没吃饭，第二天一口气吃了3个馒头，一大碗肉粥，还有红烧肉和炒菜，过后还喝了一罐酸奶。我感觉胃都要撑炸了，身体很难受，心里也超级自责。"

"上了中专后，这种情况一直持续，我一边严格控制自己的进食量，尽量不吃主食和所有容易产生热量的东西；一边又经常突然暴饮暴食，吃到全身难受，是那种生理上的难受，胃疼，无法动弹。我很痛苦，于是在网上看到有人催吐，我就开始尝试。**每次吃多了我都要保证在十几分钟内快速吐出来，避免身体消化吸收。**就这样，我每天都很痛苦地煎熬着。靠着运动和催吐，**尽管暴饮暴食，我的身材也能一直维持在 90 多斤，从来没超过 100 斤——这一点我觉得自己还挺厉害。"**

羞耻、自豪、绝望、求助

安宁回应："真是一个好艰难的过程，身体和心理都备受折磨。你居然用催吐和运动的方法如此严格地控制住了自己的身材，这应该是很多人难以做到的。我想知道，这让你感觉怎么样？"

明月露出一丝苦笑，回答道："是啊，很难。我感觉很矛盾，**又羞耻又自豪。**如果我能一直把身材控制得很好，会觉得自己还挺厉害的。但是我也觉得很丢人，不想让外人知道我究竟是怎么把身材保持住的，最好能让他们以为我天生就是易瘦体质，不需要努力。我从初三结束后的暑假就开始怀疑自己是不是有病，上网查了很多信息，更加感到自己这种进食又催吐的方式不太正常。但是我不敢去医院，尤其害怕被室友和家里人知道。我也想靠意志力调整自己变正常，但是只要吃一顿正常人的饭量，我就没法让自己不去催吐。而且，我会一天称重好几次，确保自己没有变胖……我当时觉得，**如果一辈子都这样活下去真的很绝望，**所以有时候会有不想活的念头，但是没有真的做过什么。"

安宁用加重的语气重复了明月最后一句话："没有真的对自己做什么，但很绝望。"

明月答："是的，因为我不能对不起我父母，而且我自己也有很多想做的事情没有完成，我不想死，但绝望时真的太痛苦了，也会有想死的念头……我这个念头是会变化的。"明月忽然流下大把大把的眼泪。安宁坐在一旁静静陪着明月，让她默不作声地哭了一会儿。

稍稍平静后，明月一边擦干眼泪，一边继续说："真的好羞耻，我觉得胖很羞耻，暴饮暴食和催吐更加羞耻。我不知道怎么面对我自己，也很害怕一旦有人知道，别人会怎么看我。我觉得必须解决这个问题，所以还是下决心去了老家那边的医院，当时就确诊为神经性贪食。我按医生说的吃了药，好像有点作用，情绪稍微不那么焦虑，也看过几次心理治疗，但是都没坚持下来。医生说我除了进食障碍，情绪方面还有焦虑和抑郁的问题，建议我除了吃药，还是应该坚持进行心理治疗。"

第二次求助

安宁问："是服药和心理治疗都没坚持下来吗？你第一次去医院确诊应该是三年前了，后来还去医院复诊过吗？"

明月摇头，她解释道："我们那是小地方，人多眼杂，去医院压力很大，我总怕被认识的人看到，而且还是精神科，有种偷偷摸摸的感觉，**去过一次后就不想再去了**。我自己断断续续地吃过药，但是吃药以后好像体重会增加，所以**我又停药，一直到现**

在。这次是我第二次来医院看这个问题。"

安宁追问："哦，最近是发生什么事情，或有什么原因，让你决定再来看吗？"

明月犹豫地答道："嗯，说实话，我来之前也挺犹豫。因为我不想吃药，我怕那些药都有增肥的作用。我也不知道心理治疗有没有用，要不是之前的医生建议过，还有网上很多同样得病的人都说要做心理治疗，我今天也不想来。"

"哦，不想来？"安宁问道。

明月点头，进一步解释说："我现在上班了嘛，刚工作没多久。中专毕业时我就决定要离老家远一点，所以找了现在的公司，当前台，我想在这里让一切重新开始。可是如果频繁地跑医院，我怕公司的人很快就会知道我生病。其实，我上个星期被送了一次急救。"

安宁对此表示关注。明月解释："我现在的工作属于公司的客服部，我这个学历能进这样的大公司挺意外的。我们部门除了负责前台接待，还负责处理客户投诉的各种数据。我中专学的是数据分析，想趁年轻多做一点，能快点在大城市立足，所以除了日常做前台，还主动承担了数据分析的工作，刚来就经常加班。上周有一天，我又在公司里加班到很晚，本想趴在座位上小睡一会儿，却莫名其妙心悸，被同事送到了医院。医院检查说是血钾过低，营养不良，还输了液。"

"这样啊！"安宁简单应答，等待明月继续表达。

明月接着说："领导知道后，觉得我是不是刚上班压力太大，让我少加点班多休息，但他们都不清楚我其实之前就有过低血钾，真实原因就是我的进食障碍。**我挺怕被同事知道真相，怕被他们看不起**。我的病这几年一直反反复复，万一影响到工作，真没法儿接受！我现在还很害怕公司聚餐，因为我如果和大家一起吃饭，就不能显得太奇怪。如果我吃完立刻去吐，很可能会被同事看到；如果不吐，我自己受不了。我真的很想摆脱这种吃了吐吐了吃的困扰，但是控制不了。你有什么办法吗？"

一个要强女孩的无奈

安宁理解，像明月这样的神经性贪食症患者一般都会有病耻感，这也是他们心理问题和症状维持的一部分原因。但是安宁觉得，目前自己对明月的了解还不充分，现在不是讨论病耻感的好时机。于是，安宁对明月的情况进行了更详细的追问："你刚刚上班就表现得积极主动，工作努力，平时一直都是这样要求自己的吗？"

明月点点头，回忆起来。她说："算是吧，有人说过我对自己要求高，其实我本来没觉得。我以前成绩还可以，小学和初中时，都能在我们学校排到前几名，想过要考市里唯一一所重点高中。但是我没有发挥好，上不了重点。而我能上的高中都不太好，每年考上大学的人数很有限。和我父母商量之后，他们觉得上完高中还不知道能不能考上大学，上了大学也不知道会做什么工作，不如直接上中专早点毕业，上班、结婚，至少生活安稳。"

安宁问："这是你和父母共同的决定吗?"

明月认可，但又犹豫。她说："是一起决定的，**但我心里有挺长时间过不去，**总觉得我的成绩本来是可以正常上高中上大学的。我幻想过自己在大学校园里看书、散步的样子，现在感觉很遥远。但是我父母的意见也有道理，我家条件不好，我还有弟弟……"明月似乎又要哽咽，但她忍住了，笑了笑说："反正现在还好吧，我上了中专那会儿看到同学干什么的都有，确实学习氛围不太好，但我一直认真在学，成绩基本上能保持第一。其间，我还一直在学外语，未来如果有可能，我还是想考大学。**没上大学，可能是我这辈子的遗憾吧!**"

安宁想，不管怎样，明月考上了高中却没上，想考大学却选择了先参加工作，这一切中有太多难以言说的无可奈何。安宁暂时没有挑战明月看似自洽的表达，因为她理解，**如果明月不说服自己相信这一切选择的合理性，她将要面对多么大的遗憾和难过**。安宁还不能确定，明月的进食障碍与这些事情是否有所关联。

不让任何人知道

安宁回应道："确实令人遗憾! 你说过你的进食问题也是在初三到中专一年级这个阶段严重的，那时候你第一次去了医院。不知道当时这些事情的发生，是不是也增加了你进食的焦虑。"

明月有些疑惑地回答："这个我没想过。我一直都很怕被人说胖，看到自己身上的肉就觉得恶心。我没有想过进食的问题和上学的事有没有关系。"

安宁点头，表示理解。

明月继续道："我还有一个感觉就是，自从开始饭后催吐，感觉自己吃东西好像是在浪费粮食，浪费钱，这也让我挺愧疚。吃了又吐我还不如不吃，让给弟弟。所以吐的时候我只能偷偷进行，根本不敢告诉我妈。"

安宁问："妈妈现在知道你生病的情况吗？"

"我绝对不会让她知道的。没有这个必要。你以后不会告诉她吧？"明月否认道，眼神透露出一丝警觉。

安宁微笑了一下，爽快地回答："你已经成年了，如果没有自伤自杀的特殊情况，我当然不会随便联系你的父母。"

明月说："那就好，我相信你。"

安宁又问："你觉得，如果让妈妈知道你是生病了才这样吃吃吐吐，妈妈会作何反应？"

明月低下头，答道："我不知道。也许她会说我浪费粮食，或者理解不了为什么我不能控制自己少吃一点。如果她要求我必须控制自己，必须不能吐，我一定会崩溃。"

父母的要求要达到，父母的爱要回报

安宁追问："你觉得妈妈大概率不会理解你的痛苦，是在这件事上，还是在方方面面你都这么认为？"

明月叹了口气答道："我妈确实不太能理解我。我小时候成绩好。他们对我要求挺高，考第二名都会挨骂，有一次考到第五名还挨了打。就算不打，我妈也会阴阳怪气，说自己白辛苦了一场，付出这么多供我上学，我还不努力。"

安宁问："他们会因为考第五名打你？"

明月点头，答道："你觉得不可思议吧，那次他们怀疑我成绩下降是因为谈恋爱。我说没有，他们不信。当时和我同桌的男生关系好，有时我会在电话里给他讲题。他很理解我，不过我们真的没有谈恋爱，只是好朋友。不过我妈很可怕，有一次我和这个男生打电话，她直接朝着电话那头大吼，说了很多难听的话。从那之后，我就没有好朋友了。我真的很在乎这个朋友，向他解释过，但他说不想被误会，就越来越疏远我，再也不给我打电话了。"

安宁也为这段友情感到遗憾。明月继续道："后来，我没考上好高中，他们马上就表示不想再供我了，毕竟投入了也不能确定回报。可是他们还让我上了中专，他们已经做得够多了。如果我都成年了还不能赶紧工作赚钱，实在没法心安理得。"

安宁回应道："投入了不能确定回报？**好像如果不能回报父母，不能让他们满意，会让你内疚，无法心安理得地去做自己真正想做的事。**"

明月无奈地点了点头，补充道："我胖这件事，也被我爸说过。我不知道是不是我太敏感，他好像会经常开我的玩笑，说我再不减肥穿什么都不好看，连打扮的钱都可以省了。他还说过，我要是继续胖下去，以后会不会没人娶我。他可能也是关心，想让我控制一下体重，但我总觉得在他眼中我应该很丑很糟糕吧。"

不够好就不会被喜欢

安宁在明月的叙述中梳理线索：很明显，**明月的暴饮暴食总是伴随着一些很糟糕的情绪体验，而进食后催吐又成了一种非常不良的应对模式，好像沼泽，让人越陷越深**。这些糟糕的情绪看上去和曾经略胖的身材有关，但更多的伤害是由身材带来的负面评价。在明月的内心深处，好像住着一个不够好就不会被喜欢的小孩，一直小心警惕地关注着周围人对她的感受，自卑且敏感。同时，明月口中的父母似乎是不够称职的。然而，真的现实如此，还是有所误会，也需要慢慢澄清。

"难以控制地暴食""暴食后催吐""羞耻感""有困难的人际关系""既争强好胜，又容易失去自信""情绪性进食"……虽然还有太多信息没有收集，比如以往的人际关系、更详细的家庭关系信息、亲密关系等，但明月在安宁心中的形象已经逐渐丰满起来。

安宁抬头看了一眼墙上的挂钟，距离本次治疗结束还有 10 分钟。今天的治疗时间好像过得特别快，安宁觉得还有很多信息没有了解，会谈已经要接近尾声。

那一刻，真的好快乐

安宁问了明月最后一个问题："明月，今天了解了你的情况，我深深地感受到经历这一切真的很不容易。我蛮好奇，你有没有尝试想过，在你暴饮暴食或者催吐的时候，除了羞耻和痛苦的感觉，还有其他的感受吗？是什么原因吸引你在肠胃已经非常不舒服的时候仍然大口下咽呢？"

明月想了想说："其实，你知道吗？**在疯狂吃东西的那一刻，我真的好快乐，**哪怕这个东西并不好吃，我也觉得没有什么比这一刻更让我快乐了！那种快乐随着我停止进食去催吐，一瞬间就会消失，因为我很快就会觉得自己吃下的东西和身上的肉都无比恶心。可是，吃的那一刻我确实很快乐！"

在今天的整个会谈中，这是安宁第一次听到明月说"快乐"。这样的"快乐"却让安宁在情绪上感到一时难以消化。安宁静静地见证着明月说起这种片刻的"快乐"，感受着这份快乐的真实和背后的悲伤。安宁想，明月的故事一定很长，在其心理治疗中抽丝剥茧的过程也一定很漫长。于是，安宁一方面邀请明月进行持续性、有规律的心理治疗；另一方面也建议明月在今天的心理治疗结束以后，尽快去挂一个精神科门诊的号。

顾虑与恐惧

安宁对明月说："今天第一次了解到你的情况，我想还有很多重要的信息和感受需要多一些时间来谈。我想你的进食问题成因一定是复杂的，大概率和你的情绪状态有密不可分的联系，需要我们多一些合作，一起来探讨这个部分。"

明月回应道："嗯，如果你觉得这个治疗能对我有帮助，我

【知识点】

有时患者并不清楚自己是应该先看精神科还是直接进行心理治疗，也有些患者会因为对精神科诊断有着羞耻感等原因，优先选择心理治疗。此时，要听取治疗师的建议。治疗师会及时告知患者在精神科明确诊断并完成相关医学检查的必要性，避免耽误病情。

对于进食障碍患者，治疗师通常首要考虑的不是深挖患者的精神世界，也不是立刻纠正其进食问题，而是明确患者当前的身体状况，考虑是否需要使用医学手段补充营养，以及其进食障碍引起的相关症状是否危及生命健康。

可以继续尝试。"

安宁知道明月对就医的顾虑和压力，进一步解释说："尽快去精神科挂号也很重要。一方面，是因为现在距离上一次确诊已经太久，你需要在精神科有一个符合现在情况的准确诊断，以便接受最佳的药物治疗，精神科诊断的信息也会帮助我更好地了解你。按照你的情况，心理治疗和精神科治疗缺一不可。另一方面，你还需要做一些必要的检查，用来评估你当前的身体健康及营养状况，以便为你提供更适合当前情况的治疗方案。这些都是单看心理治疗门诊无法完成的。"

明月同意，但略显迟疑。她有些焦虑地问："**如果我去精神科，会留下记录吗？**比如以后考学或找工作时会不会被公司知道？如果领导知道我有精神方面的问题，可能会有很多麻烦……也很丢脸……我真的不能让他们知道这些。"

安宁理解明月的想法，进一步安抚她，直到明月确定地答应了安宁给她的就诊建议。

安宁并非第一次听到来访者对精神科诊断的担心。她知道，一个**充分的告知和安抚对于治疗联盟的建立十分重要**。

安宁也见过很多神经性贪食的人，他们中有不少人会对自己的催吐行为感到羞耻。尽管体型标准，甚至有些人的体重还略低于常人，却仍对自己的身材不满意。总体上来说，他们大多很难对自己有一个积极且客观的认识。如果多去了解，会发现他们不仅对自己的身材要求苛刻，而且对自身的种种不足都很敏感，容易自卑，常常自我否定和自责。很多时候，神经性贪食症患者的自我是比较脆弱的，尽管有时表面上他们会有出色的学业或工作表现，但在争强好胜的背后也藏着深深的自卑以及内心深处复杂的需求和情感纠葛，他们往往是低自尊的。

自我功能评估

所以，一个有经验的心理治疗师，一方面要谨慎对其进食行为作出评价；另一方面还有很重要的一项工作，就是**评估来访者的自我功能**。

心理动力学基于对心理功能的归类，将人格结构分为本我、自我、超我三个部分。本我由本能需要和愿望组成，遵循快乐原则；超我又称理想自我，由意识和个人理想组成，遵循道德原则；而自我则是理性的、识时务的，协调着本我和超我的需求，管理着内在心理活动和外部世界的关系，遵循现实原则。自我为了做好协调工作，需要具备很多功能，比如冲动控制、现实检验、承受和处理焦虑、运用防御机制、管理自我意识和自尊、延迟满足、管理认知等能力。

【知识点】

1. 自我功能（Ego Function）的定义

简单来说，自我功能是指"人们管理内在心理活动及与外部世界关系的方式"，其评估包括"现实检验能力、判断力、人际关系能力、刺激管理、感情或焦虑承受力、冲动控制、娱乐能力、自我意识、自尊管理、认知功能以及防御机制"等多个维度。

2. 评估的主要维度

能否和治疗师建立并维持关系，是否具备良好的人际关系。

能否承受强烈的情感刺激和焦虑。

能否进行感官刺激管理、注意力管理。

能否相对准确地认识现实、感知现实。

是否具备冲动控制和延迟满足的能力。

认知能力是否受损。

是否具备完好的判断力，能意识到行为的后果。

是否具备娱乐和放松的能力。

是否拥有自我意识和心理觉察，能认识自身情感和内在动机，对自我探索感到好奇。

是否能进行良好的自尊管理、准确的自我评价。

采用的防御机制的适应性较低还是较高。

3. 评估自我功能对开展治疗的指导

治疗该以揭露为主还是以支持为主，取决于对患者自我功能的评估。如果患者的自我功能足够强大，揭露潜意识有助于帮助患者发现新的自己，促进自我理解和问题解决；自我功能如果较弱，患者可能无法承受被揭露的内容以及由此带来的巨大焦虑，此时则需要优先考虑以支持技术为主的治疗方案。①

---

① Deborah L.Cabaniss，Sabrina Cherry，Carolyn J.Douglas，et al. 心理动力学疗法［M］. 徐玥，译. 第 1 版. 北京：中国轻工业出版社，2012：11-32.

在心理治疗初始阶段，评估自我修复功能之所以重要，是因为**自我功能的强弱，大大影响着一个人抵御伤害和风险的能力，也影响着治疗进程和效果**。心理动力学治疗认为，治疗师应该评估来访者的自我功能，并通过帮助来访者增强自我功能，从而起到心理治疗的效果。

对明月的评估，安宁还需要更完善的信息。初步来看，明月至少呈现出良好的现实检验能力，也能够胜任正常的学业和工作，这些都是评估治疗效果的有利前提。

→ 第二节　精神科检查与评估

神经性贪食症

在心理治疗师的说服下，沈明月终于来到了精神科。张医生请明月对具体病情做更详细的描述和补充。

明月说："当我想吃的时候，不管饿不饿，只要看到能吃的都会往嘴里塞。昨晚睡不着，家里没吃的，我甚至吃光了所有的剩饭。米饭已经干到结块，馒头的外皮也有点风干，真的一点儿都不好吃。剩菜和油混在碗底，一般人恐怕看了就没食欲，但我也吃了。哦，还吃了最后一包方便面和仅剩的几块巧克力。"

张医生问："看起来这些东西没有营养，很容易发胖，也不好吃。吃的时候会想到要停下吗？"

明月答道："**我是很在意食物的热量，但我没法停下，好像完全失控了。**我点了外卖，等外卖时就开始焦虑，都等不及外卖送来，就觉得必须马上吃，一直吃。当然，我吃完以后会去催吐，这样就不会胖了。我也会运动，只要吃了易发胖的东西，我就会跑步，直到让自己累得一点力气都没有。我还买过减肥茶，感觉很像泻药，喝了不舒服，但是我觉得这也比变胖好。昨晚吃完那些我就去吐了，然后外卖才送来，我当时有种说不出的心情。我会有思想斗争，想着要不就不吃了，再去吐一次也会不舒服。但我还是没坚持住，看着外卖就觉得特别诱人，最后还是吃光了。当然，最后吃完也吐掉了。其实昨晚心情挺崩溃的，我点那个外卖完全是浪费钱。我恨自己——明知道吃了还得吐，为什么就不能不点？！"

张医生追问："每次吃完都会用类似催吐、过量运动，或者喝泻药的方式避免发胖吗？一周大概有几次这样的行为？"

明月点头，掐指数了数，有些迷茫地回答："数不清了，应该很多，差不多一天至少有 2 ～ 3 次，或者更多。"

张医生告诉明月："这些都是不恰当的代偿行为，虽然可以预防体重增加，但是对你的伤害也很大。你应该发现了，使用这些代偿行为后，暴饮暴食的频率变得更多了，吃起来更加肆无忌惮。现在这样的频率，已经达到重度神经性贪食的诊断标准了。"张医生认为明月的情况非常典型，在告知诊断的同时，也清晰地解释了诊断的依据。

【知识点】

神经性贪食诊断标准

A. 反复发作的暴食。暴食发作以下列两项为特征：

在一段固定的时间内进食（如在任何 2 小时内），

食物量大于多数人在相似时间段内和相似场合下的进食量。

发作时感到无法控制进食（如感觉不能停止进食或控制进食品种或进食数量）。

B. 反复出现不恰当的代偿行为以预防体重增加，如自我引吐，滥用泻药、利尿剂或其他药物，禁食或过度锻炼。

C. 暴食和不恰当的代偿行为同时出现，并且出现频率维持在 3 个月内平均每周至少 1 次。

D. 自我评价受到身体体型和体重的过度影响。

E. 该障碍并非仅仅出现在神经性厌食的发作期。

部分缓解：在先前符合神经性贪食的全部诊断标准之后，持续一段时间符合部分的诊断标准。

完全缓解：在先前符合神经性贪食的全部诊断标准之后，持续一段时间不符合任何诊断标准。

严重程度：

严重程度的最低水平基于不恰当代偿行为的频率（参见如下），严重程度的水平可以增加到反映其他症状和功能障碍的程度。

轻度：每周平均有 1 ～ 3 次不恰当的代偿行为的发作。

中度：每周平均有 4 ～ 7 次不恰当的代偿行为的发作。

　　重度：每周平均有 8 ～ 13 次不恰当的代偿行为的发作。

　　极重度：每周平均有 14 次或更多不恰当的代偿行为的发作。①

　　明月使劲点头，应和道："对，确实是这样！其实我知道这是一个恶性循环，网上也有专家讲，可以通过一些方法打破这个循环。可是太难了！这些年，我有很多次下决心要克服这个问题，但都没能坚持下来，很自责。我想，就算来看病，医生可能也不会喜欢我这种缺乏意志力的患者。"说到这里，明月神情沮丧，面露羞愧，脸颊略显潮红，不知是光线还是情绪的作用。

　　张医生问："你担心医生心里会对你有不好的看法？"

　　明月支支吾吾地答道："嗯，医生不是都应该喜欢配合度高的患者吗？我明知道自己的行为有问题，但还是那样做。"

　　张医生安抚她说："进食障碍治疗起来确实有难度。这不是简单的意志力问题。这个病的特点就是难以控制自己，病情发作反反复复。但是，既然决心接受系统治疗，那就试试看。反复发作不要紧，只要有一点进步就说明治疗会有效果。至于你担心的医生不喜欢你，那更是无从谈起了，你放心吧。"

---

　　① 美国精神医学学会．精神障碍诊断与统计手册［M］．第 5 版．北京：北京大学出版社，2016：334-335.

明月紧皱的眉头稍显舒缓。

羡慕瘦人的她，真的胖吗

张医生继续对明月的症状表现进行澄清："你觉得自己现在胖吗？如果正常吃饭，没有过度进食，是否也想催吐，或者用其他办法继续减肥？"

明月回答："我觉得我现在不能算极胖，但肯定不够瘦，就算没有暴饮暴食，我也想减肥，再瘦五到十斤就好了。不过我知道你们医生肯定不同意我的观点，我已经好几次因为血钾低被送到医院输液，还被医生说营养不良，不能再减肥了。我清楚医生所说的科学体重标准，但是那个标准对我真不适用，我接受不了。我现在有一个85斤的室友，每天看到她就觉得那才是瘦人该有的样子，忍不住会在心里偷偷嫉妒。我不敢和她一起去公共浴室洗澡，也不敢当着她的面换衣服、照镜子，更不喜欢跟她合影……总之，她不在时我还凑合能接受自己现在的身材，但和她一比就觉得自己好胖，好自卑。"

张医生点点头，回应道："你现在的身体状况确实不应该继续过度减肥。以你的身高，如果真的降到你室友的体重，或者比她还轻，恐怕你会面临健康甚至生命安全的威胁。而且，你事实上一点儿都不胖。不过我也理解你的想法和困难，听起来你心里是有矛盾的，这些你可以多和心理治疗师谈一谈。我给你开一些检查单，看看目前各项身体指标的情况，我们再开药。"

不好看，不优秀，不快乐

明月一边答应，一边接过检查单，准备起身。

张医生叫住她："稍等，我还有一些问题需要问你。除了进食问题，你觉得情绪怎么样？比如，现在处理工作时会感觉力不从心吗？压力大时是否感觉坐立不安，情绪烦躁？"

明月回答："我是会有一点力不从心，因为压力很大。我最主要的压力不是工作，而是很怕进食催吐被发现。我没有放弃以后再去读书的想法，每天晚上回家还在坚持学习，时常熬夜。但是，我以后到底能不能考大学还不好说，万一没机会，工作也不能耽误。我不想到头来竹篮打水一场空，所以学习和工作要兼顾。目前，工作上我也比较努力，希望第一年就能评上优秀员工，凡是领导让我写的数据报告，我都会熬夜反复修改到我认为完美的程度。不过，据说我们公司评优还要得到同事和领导的投票，我不太会处理人际关系，这些说来就复杂了……压力大的时候，我会烦得睡不着，其他表现倒不是很明显，就是觉得很压抑，这时候如果能吃一个汉堡或者喝一瓶可乐，情绪就会有种释放的感觉。有时候我会陷入这些想法，忽然觉得评优一定选不上了，越想越消极，甚至一瞬间感觉一切都没有希望，什么都不想干，对什么都没有兴趣。加上自己还有病，脑子里会突然冒出'好像自己一无是处，不好看，又不优秀，也不快乐，活着没意思'的想法，真的好难受。"

张医生追问："活着没意思？是有什么具体想法吗？"

明月笑了笑说："哦，那倒没有，我习惯绝望了，但是还没打算过要做什么。我也没有真的想死吧。**我觉得寻死是很懦弱的行为，对不起父母的养育，但是活着也真难啊**。"

张医生听了这些，建议道："看来抑郁和焦虑的情绪也对你影响挺大。检查完我给你开些药，你需要定期复诊。同时，心理治疗也很必要，除了谈进食问题，你还可以和治疗师谈谈你生活中的这些事情，比如你刚才提到的同事关系、升职压力，以及一切困扰你的问题。"

明月问："谈这些和我的进食问题有什么关系呢？"

张医生解答："当然有关系，你的进食问题除了生物学因素，也存在大量的心理因素影响。这些和你的认知特点、以往经历、遇到事情的应对方式、人际关系的处理等，都是有关系的。你要相信我们，积极配合，才能获得更好的治疗效果。"

→ 第三节　解开治疗关系的"魔咒"

"好好对待"的力量

这天，明月再次来到心理治疗门诊，找到了治疗师安宁。

"明月，你好，很高兴再次见到你。"安宁打招呼说。

"你好。我决定听你和精神科张医生的建议，接受系统治疗。不过，我真的没有信心，我之前尝试过几次心理治疗，有时觉得有一点启发和安慰，但很快就又没用了，对我的实际病情改善不大。"明月回应。

安宁答道："我明白你说的这种感觉，或许你希望我能说点什么，让你对心理治疗更有信心。"

明月下意识地轻咬嘴唇，点了点头，并把自己和张医生所谈的主要内容又向安宁转达了一遍。

安宁说："似乎你希望我多了解一些你和张医生谈话的过程。"

明月答道："是的，我不希望有什么重要的内容被漏掉。因为你上次说过我去看精神科门诊的信息可以帮助你多了解我，但我不知道你和张医生有没有讨论过我的情况，可能你们下班后不一定有时间再谈我的事情。我也不知道，如果你们没来得及交流意见，会不会就没法充分判断我的情况。"

安宁没有想到明月如此细心。她也确实还没来得及就明月的情况和张医生进行深入交流，这样的交流也需要先征求明月本人的同意。

安宁回应："出于对你隐私的保护，我希望正式征求一下你的同意，可以让我在必要的时候与你的精神科医生交流你的情况，以便为你提供更合适的治疗方案。虽然这一点在开始前签署的知情同意书中已经提到，但我还是想再和你确认一下。"

明月很肯定地表示同意。

安宁问："你很希望得到确认，你向我们表达的重要信息不会被遗漏，你的医生和心理治疗师都对你有足够的重视，对吗？"

明月回答："我想确认我说的话你们都会重视，当然我的意思并不是想要特殊对待，我知道我只是你们众多患者中很普通的一个。"

听到明月这样说，其实安宁可以理解。也许明月在自己的经历中，一直感到自己渺小而普通，同时又十分渴望得到偏爱和重视，直面这种渴望时或许会感到不配或羞耻。如果治疗师看不到她的这份渴望，她或许会在几次谈话后对治疗师感到失望。这份失望的原因，可能是她自己难以真正意识到，或难以清晰描述的。她只是会感到一种不断重复的失落感在不同的关系中发生，好像没有人可以真正地让她靠近。

基于这样的理解，安宁尝试给出一些回应，好让明月感到安心。安宁说："我想我也同意，我们大部分人都是相对普通的，但是在属于我们自己的重要关系里，我们也希望自己是独一无二的，甚至是被偏爱的。这是人之常情。只是如果经历过很多次失望，我们难免会怀疑，是不是因为自己没有什么特别之处或特殊的贡献，才得不到自己想要的偏爱。或者，我们可能更倾向于怀疑是不是自己不够好。这里面还有很多细节值得探讨。不过我想，**希望被重视，这个需要本身并不是一个过分的要求**。至少在我们的治疗关系中，你有权利提出你的真实需要，这也是我十分想了解的。"

听到这些回应，明月看向安宁的眼神好像一下子变得柔和了不少。

信任总以失望告终

安宁问道："可以再具体介绍一下你之前接受过什么样的心理治疗吗？比如是怎样进行的，什么频率，分别做了多少次？"

明月解释："三年前去医院那次，连着在门诊进行了三四回吧，一周一次，觉得没用就停了。后来这几年，总共在网上找过三个咨询师，最多的一次进行了大概四五次，是公益的，没有花钱，好像也没什么效果。后来再没有遇到公益的机会，花钱找过两个人，都只谈了一次，感觉不值。我好像没有耐心，谈一次没有效果我就不想谈了。"明月顿了顿，又补充说："我不是说他们不好啊，我其实很容易相信人，我也可以把我的事情都讲给你听。不过，我总是错信别人。"

安宁表示好奇："错信，怎么说？"

明月继续解释道："我挺害怕孤独的，如果有人对我表示善意，我很快就会对他们掏心掏肺。但我发现，**当我对别人说了很多自己的秘密后，他们往往会辜负我的信任，过不了多久就和我疏远了**。我没有交到过真正的好朋友，前男友们也都不靠谱，都很自私。好像扯远了……反正，每次咨询我都感觉要把自己的经历重新说一遍，如果感觉得不到解决问题的办法，就不想继续了。"

安宁对明月提到的人际关系产生了极大的兴趣，请明月详述。明月举了几个例子。她告诉安宁，从初中瘦下来后，她就开始谈恋爱，至今已交过好几任男友，每一次她都很投入，但是最长的一段也没有超过两个月。她不明白为什么每一个追她的男生都不能和她长久地走下去，这让她很受伤。同样地，她也曾试着把一些人当成闺蜜，和对方分享自己的恋爱过程以及各种秘密，可最后不是发现对方把她的秘密说了出去，就是觉得对方没那么关心她的事情，这让她倍感失望。

通过这次会谈，安宁了解到明月不仅从未有过较长的心理治疗关系，在亲密关系和密友关系的维系上也非常不稳定。明月一方面对心理治疗充满疑虑，另一方面又有过多次主动求助的尝试，但每次都无法坚持，这很可能也体现了她在建立信任关系上的困难。安宁此刻仿佛更加真实地感受到明月在人际关系中"欲拒还迎"的不安——既渴望一段有帮助的、可以信赖甚至交付自己的关系，又对对方充满怀疑，很容易感到失望。安宁觉得，好像自己和明月的治疗关系才刚刚开始，就已经进入了一种拉扯的矛盾状态。**建立信任，成为这个治疗能否顺利进行的重要前提**。

意识到这一点，安宁将自己的坐姿调整得更加放松，并决定把自己的感受真诚地表达出来。她对明月说："你挺渴望有人可以信任，可以倾吐心声，甚至交付自己的所有秘密，但是又没法完全信任一个人，担心她会背叛。这好像挺容易让人感到孤独的，也挺矛盾的。"

明月望向安宁，点头默认。

立刻得到，就不容易失去

安宁继续道："我听到你说在之前的心理治疗中有种焦虑和不确定能不能信任的感觉，这常常让你很难将一段治疗长期地坚持下去。对于这一点，你是怎样的感受呢？"

明月答："嗯，说实话，我想过自己坚持不下去的原因，但除了没耐心，其他方面不是很清楚。**治疗师确实没做什么让我不满意的事，可我就是没有耐心，看不到进展**。每次决定结束，会感觉有些失望，总是抱着希望开始，带着失望结束，怀疑自己该不该结束，也怀疑自己是不是又在浪费时间和金钱。"

安宁回应："我想，或许已经有治疗师告诉过你，心理治疗刚刚进行几次，看不到立竿见影的进展是正常的。尽管你可能知道这一点，但**要耐受这种不确定性，忍受一种'不知交付了信任能不能被满足'的感觉，还是挺难的。这也让我联想到你说你想要吃东西时，就必须立刻吃，连一小时外卖都等不及的感觉**。"

明月有了一些兴趣，回应说："好像这两种感觉是有点像，我之前倒没这样想。那还是我太缺乏耐心了吧？等待可真令人难受啊，理性上就算知道效果没那么快，但要控制自己不焦虑却做不到。"

安宁问道："焦虑，这是之前的治疗带给你的感觉吗？"

明月回答："一部分是焦虑的感觉，还有一部分不确定是什么感觉。我担心治疗没有用，是在浪费时间和金钱，也担心自己学到正确的方法却做不到。"

安宁澄清道："当你知道自己吃了东西还要吐的时候，也会觉得浪费，对吗？这和你担心治疗没用会浪费时间和金钱，是一样的感觉吗？"

明月回答："可能有点相似吧，我不想浪费时间也不想浪费钱，**我希望所做的每件事都是有用的，有必要的，但是我没有做到**。我有很多希望自己做到的事，都没有做到。我其实努力过的，比如在那段进行了四五次的心理治疗中，治疗师的确教了我一些改善进食障碍的方法，可是我经常明知道理却做不到，这种感觉太糟糕了。我会觉得我很差劲。"

安宁追问："你在那段治疗中学到过什么样的方法呢？"

"治疗无效是我的错"，是能说的吗

明月回忆："我记得，他说他对我用的治疗方法叫辩证行为治疗，叫 DB 什么的，记不清了。他确实帮我更加理解了暴食和催吐的恶性循环，但我没法打破这个循环，我的负面情绪总是顽固地冒出来，让我的一次次尝试前功尽弃。这时候我就没信心了，也不想再治疗了。至少，停止治疗能让我暂缓焦虑。"

安宁澄清道："你说的是**辩证行为治疗，简称 DBT**。这的确是治疗进食障碍很有效的方法。如果你能在感受最糟糕的时候和治疗师谈一谈这种感受，努力把治疗坚持下去，或许能看到更多进展。不知道你有没有和那位治疗师谈过你的焦虑？"

明月否认道："没有谈过，我当时不知我有焦虑可以直接

【知识点】

辩证行为治疗（Dialectical Behavior Therapy，DBT）：是由心理学家玛莎·M. 林纳涵（Marsha M. Linehan）创立的，治疗进食障碍的常用方法之一。这一方法在治疗边缘人格障碍、情绪障碍、创伤后应激障碍、物质依赖等方面也有很好的效果。

在治疗进食障碍方面，DBT 方法通常从正念练习、情绪调节、忍受痛苦等几个方面着手，帮助进食者理解自身情绪和进食行为之间的关系，观察自己的感受，认识到非此即彼、非黑即白的不合理思维，在"接受自己"和"改变行为"之间找到平衡。[1]

---

[1] Debra L. Safer, Sarah Adler, Philip C. Masson. 告别情绪性进食的 DBT 方法［M］. 陈珏，朱卓颖，主译. 第 1 版. 上海：上海科学技术出版社，2019.

谈。我就是觉得**既然已经学到了解决方法，就应该做到，做不到肯定是我的问题**。现在想想，我在感觉自己做不到时，就挺匆忙地结束了那段治疗，好像是落荒而逃。也许我担心被批评吧。"明月又停顿了一下，若有所思地接着说："不过，今天和你聊下来，我好像才意识到我的任何感觉都是可以在治疗中谈的，是吧？如果我能及时把治疗中的感受告诉你，或许我会感觉好一点。"

安宁笑笑点头道："当然，你说得很对。或许我们可以一起努力，希望你能把治疗中的感受及时告诉我，好让我和你一起面对这些焦虑。除了使用一些 DBT 的方法，我还会根据情况，从其他心理治疗流派的视角理解你遇到的困难，和你一起探索更适合你的治疗方式。"

明月接受。今天的会谈，让她与治疗师安宁的合作关系逐步建立。

【知识点】

一般而言，我们对复杂的精神心理问题可以采取不止一种治疗方法去干预，并从不同理论视角去理解。有些来访者自己了解过一些不错的和自己对症的治疗方法，只希望寻找这一方向的治疗师，但实际上可以用更加开放灵活的态度去尝试不同的治疗方式。

→ 第四节 进食障碍只是进食的问题吗？

行为背后的心理

一边，沈明月的治疗开始逐步进行；另一边，在病案讨论会上，安宁也提出了自己的困惑：

"对于反复就诊，治疗多年而收效甚微的患者，尽管医生和治疗师们都愿意努力尝试，找到之前治疗中的问题，但很显然，明月很容易对自己的治疗失去信心，就像她无法对自己一直保持信心一样。她在初次见面中说到的对治疗无效的担忧，实际上投射出她大量的无力感、无能感，这在某种程度上的确会带给治疗者一些压力。"

张医生首先回应："我是这位患者的精神科医生。从我的角度来看，她的症状表现是非常典型的神经性贪食。一般来说，暴饮暴食的行为往往受到很多心理因素的影响，消极、负面的情绪是最常见的；还有一些应激源，比如人际关系问题、做事情受到挫折……暴饮暴食确实可以在短时间内快速减少这些负面情绪的体验，但是紧接着出现的往往是更多负面情绪，包括消极的自我评价、自罪自责等。这个患者就很符合这种情况。我觉得，她对治疗的不依从，在一定程度上也是不合理的自我期待和消极的自我评价造成的。"

另一位治疗师补充道："的确。我认为，她进食后的代偿行为，比如催吐、过度运动，能够在很大程度上降低她对发胖的恐惧。加上她本来就对自己的身材存在不合理认知，这种恐惧是很难轻易消除的，因此代偿行为就不会轻易消失。"

安宁有所启发，回应道："对啊，**消极自我评价和恐惧感，**这是很重要的感受。如果她真的是一个肥胖的人，这对她究竟意味着什么呢？被重要的关系抛弃吗？或者，体验到极端糟糕的自己，无法接纳？"

张医生说："无论吃多少，都能有办法吐出来，这是多么有掌控感的事情。一方面她的进食行为是失控的，另一方面她的代偿行为却增加了掌控感。我想，她确实**需要对自己当前的状态进行重新评价，**不是完全糟糕也不是完全正确，而是辩证地去看待当前的自己。DBT 的治疗思路应该还是不错的。"

这个话题引起了大家的兴趣，又有一位医生回应道："我同意张医生的治疗思路。同时，关于恐惧感和深层的不安全感，可能需要找到合适的时机再谈。这位患者的进食问题只是她身上一部分问题的呈现，深层问题的处理还是要在足够安全的治疗关系之上进行。"

张医生表示赞成，继续补充道："也许可以结合一些**心理动力学**的治疗思路，比如吃很可能是弗洛伊德所说的 0 ~ 1 岁**口欲期**问题，或许在患者的潜意识中还存在与母亲共生的愿望，难以分离，而在现实关系的体验上又频频受挫。催吐是一种清除食物

【知识点】

心理动力一词由西格蒙德·弗洛伊德首次提出，指的是动态的心灵力量。他认为心理是一个不断变化的系统，混杂着很多动荡不安、变化多端的元素，影响着心理状态的变化。其中，无意识的元素能够通过治疗变成有意识的，有意识的部分也可能变成无意识的。人内心中的强烈愿望和禁令相互制约，产生矛盾和巨大的能量。弗洛伊德认为，这些心理元素大部分是动态且无意识的，但可以影响有意识的想法、情感和行为。这些无意识的思想和情感常常发源于一个人的童年和早期成长经历，以及一部分遗传因素。[①]

因此，在心理治疗中对早期经历的讨论，是理解当前问题深层原因的重要途径。但也要谨慎讨论，以免当事人因无法接受而出现防御性阻抗，甚至影响治疗关系。如果在治疗师和当事人都没有做好准备的情况下强行揭开童年创伤性的回忆，很有可能让治疗难以收场，而无法起到治愈性的作用，甚至会对当事人造成伤害。

---

① Deborah L.Cabaniss, Sabrina Cherry, Carolyn J.Douglas, 等 . 心理动力学疗法 [M] . 徐玥，译 . 第 1 版 . 北京：中国轻工业出版社，2012：3-5.

口欲期（0～1岁）一词，也是弗洛伊德提出的。他提出，人类的性心理发育有不同阶段，认为每个阶段都存在一些该阶段特定的问题；如果没有处理好，该阶段发育受挫，或存在未尽事宜。这些问题将根植于性格中，阻碍个体的心理成熟。其中，0～1岁婴儿期被称为口欲期，也是性心理发育的第一个重要阶段。①

简单来说，口欲期的主要快乐来自口腔，婴儿通过吮吸奶水、体验口腔中的味觉来感受世界，并获得情感上的满足。在这个阶段，婴儿认为自己和母亲是一体的，共生的状态；如果该阶段发育受阻，婴儿会感到焦虑不安，难以顺利进入下一个发育阶段。

的行为，是否也意味着患者在为分离做出一些努力。当然，这些假设并不能成为最终的结论，或许可以成为一个在治疗中理解来访者的方向。不过，目前来看，评估这位患者的自我功能应该是更加重要的。"

全面分析

张医生的提示和安宁的想法不谋而合——评估患者的自我功

---

① 南希·麦克威廉斯.精神分析诊断：理解人格结构［M］.鲁小华，郑诚，等译.第1版.北京：中国轻工业出版社，2015：47-49.

能对下一步可以采取的适当方案影响重大。

安宁回应道："我也觉得评估自我功能非常重要。从这个角度来说，可以做一些初步的梳理。比如，她当前的**人际关系显然存在问题**，但她在人际关系中的具体行为模式还需要进一步了解。她的**自我评价过低**，对自己要求苛刻，对挫折耐受度低，情绪稳定性低，难以很好地控制冲动，容易受外界环境刺激的影响，**认知也存在过于极端化的特点**。除了进食，好像生活中没有什么事情能让她真正快乐。很显然，她的生活缺乏有意义的娱乐活动，缺乏轻松的状态，以及具有足够支持性的人际关系。总之，我需要帮助她认识到自己是如何管理自身心理活动与外部环境关系的，并且逐渐提高这种能力。"

张医生也表示同意，补充说："如果患者不能系统性地接受治疗，进食障碍的症状较难随着某些现实压力的解决而自行消失。以后一定还会有新的负面情绪唤起她对暴饮暴食的渴望。这是一种恶性循环。我已经给她用了 SSRIs 类的抗抑郁药和其他一些辅助药，可以在短期内帮助她缓解症状，但长期来说还**需要精神科药物治疗和心理治疗的通力合作**呀！"

此时，坐在会议桌一头，一直认真聆听大家见解的一位老专家说："大家的讨论真的非常有意义，不过还有一点我想要补充。我们不要忘了考虑这位患者是不是也有一些强迫的特点。虽然不足以诊断强迫症，但她身上可能存在类似的强迫行为和个性特点，比如自我要求严苛、完美主义，容易自我批评和挑剔，行为上明知不该吃，但无法控制自己，会因此自责、焦虑。所以，在考虑治疗方案的时候，用药和心理治疗的思路都不要忽视这一点。当然，还是要具体问题具体分析，对症状的判断还涉及很多基本概念和鉴别，比如排除是否存在大脑器质性病变、精神分裂症、抑郁障碍、疑病障碍、神经性厌食、躯体变形障碍、焦虑障碍……诊断一定不可轻率！"

……

关于沈明月案例的讨论进行了整整一个上午，张医生和治疗师安宁都在讨论中获得了新的启发。他们明白，治疗方法只是手段，各类理论、方法的使用和结合，都要服务于患者的当前情况，这样才能制订出合适的个性化治疗目标与方案。

所有人都不否认的是，**进食障碍绝不是简单的进食行为问题，更不是许多患者及家属以为的意志力问题**。问题背后，心理治疗师要帮助患者处理大量的情绪困难，可能涉及患者的很多早年经历及重要生活事件；精神科医生也需要关注症状的生物学因素和人格特点，合理用药。作为患者，则需要在一个稳定、安全、良好的治疗关系中积极配合，并做好相对长期的治疗打算，**对治疗进程中可能面临的曲折有一定的心理准备**。

→ 第五节 "被打动"的瞬间

明月眼中的自己，明月眼中的世界

在接下来的心理治疗中，安宁继续收集着关于明月的信息，也逐步完善着自己对明月的理解。这份理解不仅是对其症状的理解，更是深入明月的故事里，理解这个人。

安宁了解到，明月的父母从她出生起就在外打工，让她和弟弟从小跟着奶奶生活，每年最多见父母一次。父母文化低，不太理解孩子的想法，而奶奶也最多只能照顾到姐弟俩的温饱，管教方式比较简单粗暴，动辄打骂。这让明月感觉全世界没有一个地方可以成为自己安全的港湾。而明月的奶奶和爷爷重男轻女，从明月出生开始就不期待她的到来，一直催着妈妈再生个儿子。小时候，每当明月和弟弟发生冲突，家人总会要求明月让着弟弟。所以，**明月从小就很好强，希望用好成绩和表现来获得家人的关注与认可**。如今明月刚刚毕业，工作还没过三个月的试用期，妈妈就在电话里说，让她有了收入后开始给家里打钱，以后多帮弟弟，而明月每一天过得如何，开不开心，很少有人主动问起。

随着治疗关系的逐渐深入，安宁发现这些信息也只是冰山一角，还不足以让自己理解明月眼中全部的世界。

直到治疗进行了十多次，安宁才知道，明月的父母不仅与她聚少离多，缺乏理解，妈妈还在外地打工期间出轨，跟了一位"有钱人"。要不是爸爸隐忍，强行挽留，恐怕父母的婚姻早就走到了尽头……

父母的婚姻对于小时候的明月来说充满阴影。她害怕看到父母打架时挥着菜刀相互威胁的画面，更不愿意听到父母对彼此没完没了的抱怨。在明月眼中，她觉得妈妈的外表似乎是充满了女性魅力的，生儿育女后的身材和相貌仍然让人忍不住多看一眼，但这样的优势似乎并没给妈妈带来更满意的人生。

明月有时也会拿自己和妈妈做对比，觉得自己又胖又丑，根本不像妈妈的女儿。直到明月减肥成功，才第一次体验到被男生主动追求的感觉。但是，**她好像并不知道如何去好好维系一段感情。**每一次恋爱，她都希望男友能把她当成生命中最重要的人，稍有不满，她就会提分手看对方的反应，实则心里很怕被对方抛弃。一来二去，很多男生无法忍受这样的相处方式，纷纷被"劝退"。这样的情况，让明月更加没有了安全感，她不知道怎样才能遇到一个真心爱自己的人。

而在安宁看来，**明月在亲密关系中的困难，既不是她不够美、不够优秀，也不是她没有遇到真爱的好运，而是她没有办法爱自己，没有办法真正相信自己是值得被爱的。**

孤独中唯一的快乐

在一次治疗中，明月问安宁："你真的觉得这样谈下去我就能够好起来吗？我其实从没想过能跟你进行这么久的治疗，我连谈恋爱都没有这么久过。"明月苦笑着。

安宁好奇地问道："你最长的一段恋爱有多久呢？"

明月漫不经心地回应："记不清了，最多一个月吧。不过我交过的男朋友多了，他们都挺好追的，只是谈不了几天就分了。"

安宁重复道："挺好追的？一般都是你主动吗？"

明月笑笑说："也不一定，我会想办法让他们对我主动。其实我也奇怪，不知道是从哪里学来的，我好像就是知道该怎么让男生追我。总之这方面我很会看人，**我看上的人还没有谁拒绝过我。可是……有什么用呢？我知道没有人能跟我过一辈子。**"

安宁回应："听起来你很擅长建立亲密关系，却难以让关系维持。换过这么多男友，却弥补不了你的孤独。"

明月低下头，沉默了片刻，表情凝重。

安宁也停顿了一会儿，随后语气变得更加轻柔，试探地说："我记得你说过暴饮暴食的时候，你感到无与伦比的快乐，似乎人生中再也找不到比吃更快乐的事情，即使那个食物并不好吃。或许，这份快乐真的太过于难得，**想吃就吃，想吐就吐，似乎才是你生命中最有掌控感的事情。**管住身材，是不是比管住一个人的心容易多了？"

明月用指尖压了压红润的眼眶，长叹一口气，回应道："或许真的是这样吧，我有时觉得自己瘦了以后挺漂亮，借此吸引过很多人，却找不到一个人愿意陪我走一辈子。这又让我怀疑我是不是不够好、不够美、不够有吸引力。总之，我好像真的很糟糕。"

安宁继续说："我想你并不是没有被人赞美过，可能在很多人眼中你并不糟糕，但你的感受却不符合实际。我们可以谈谈你这些具体的感情经历，看看到底是哪些原因造成了今天这种糟糕的感受。不过，当我距离你的孤独越近，我就越能感受到你所说的，在进食中的那种转瞬即逝的快乐有多珍贵。"

明月没有反对。

安宁稍加犹豫，提出了一个带有挑战性的问题："明月，其实我有些疑惑，不知道你愿不愿帮我解答。我想知道，你真的想要进食问题被治好吗？"

明月有点惊讶。

安宁继续说："**似乎进食障碍已经活在你孤独的世界里很多年，成了你唯一可以依靠的"伙伴"，你好像并不能那么快地离开它。如果连进食那一瞬间的快乐都没有了，不知会是什么感觉？**"

明月的神情变得震惊，又很快平复。她说："啊？这听起来有些不可思议，但我又觉得很对。我没有其他的快乐了，真的一点也没有。谈恋爱并不快乐，我只是很需要有人帮我排解孤独，但我不知道什么是爱。大部分时间，无论我在努力做什么，一旦做到就会感觉很空虚，无聊，不知道该和谁分享，然后就会回到特别苍白、落寞的感觉吧……"

触动

安宁回应道："或许，我们可以将心理治疗的重点做一些调整，多谈一谈你的孤独和空虚，还有你在关系中的需求和不安全感，以及你的自我认同，而非仅仅关注于消除进食症状。**如果有一天，你的世界变得有声有色，丰富多彩，而且不再孤单，吃也许就不再成为你唯一的慰藉了。**"

此刻，明月觉得被打动了。第一次有人和她站得这么近，以这样的方式和她谈进食问题。明月觉得，这一刻她不再是一个人独立深渊。她向安宁坚定地表达，渴望治疗继续下去，也愿意试着换一种心态，重新体验这条漫长的成长之路。

→　本章锦囊：家长该如何对待有进食障碍的孩子？

Ⓧ 强迫有进食障碍的孩子自行调整

　　本章主要描述了一位神经性贪食者的故事，而神经性贪食只是进食障碍的一种。常见的进食障碍除了神经性贪食，还包括神经性厌食、暴食障碍、异食症、反刍障碍、回避性/限制性摄食障碍等。其中，神经性厌食与暴食障碍最容易与神经性贪食混淆，治疗思路也不相同。具体诊断此处不做详述，一定要通过正规途径求助，确诊疾病，切勿粗暴地给孩子贴标签，也不要按照自以为有效的方式去调整孩子的进食问题，以免耽误治疗。

　　家长和孩子都应明白进食障碍是一种疾病，其形成可能有生理、心理及个人经历等多方面的原因，要靠专业的医疗途径来解决。如果孩子确诊为进食障碍，仅靠单一的行为控制或调整食欲等理疗措施是不够的。

Ⓧ 劝说有进食障碍的孩子停止不当行为（如暴饮暴食、进食后抠吐或过分节食）

进食障碍常与失控感有关，多伴有焦虑和抑郁情绪。很多进食障碍的孩子清楚自己的行为不当或异常，但无法控制，并为此感到自责、痛苦和羞耻，这种痛苦情绪会促使异常进食行为增加，形成恶性循环。若想通过反复劝说、讲道理改变孩子的行为，有可能给孩子造成很大压力，让孩子自我感觉更糟，比如觉得自己"明知很多道理却做不好""让家人担心、失望了"。

家长应成为孩子的盟友而非监督员，不要以意志力高低或自控力好坏来评价孩子进食症状的发展，因为进食障碍的孩子往往对自己的问题敏感，容易有较强的羞耻感，且特别担心不能被理解，容易因为控制不了自己而自责，家人的不理解会加重孩子的不良情绪，从而导致症状的进一步维持与恶化。

Ⓧ 对孩子反复说"你不胖，不用减肥"

不提倡这样说。部分有进食障碍的孩子，尤其是神经性厌食障碍患者，对自己的身材存在不符合客观实际的信念，持有不同于常人的标准，并不会因为他人告知胖瘦而轻易改变。在孩子出现症状时，家长不要总是劝其少吃点或忍着别吐，也不要反复告知孩子"你已经很瘦了""你要注意身体""你必须多吃点／少吃点"，而是先帮助孩子放松情绪，减少自责，降低紧张。

停止对孩子的外貌评论（无论赞赏还是批评），减少对外貌的关注。同时，家长应与孩子一起积极面对疾病并及时就医治疗，平时多给予孩子情绪上的支持与安抚，尽量营造轻松、不焦虑的家庭环境。可以关注孩子的行为而非体重，并给予及时认可，比如对孩子说："今天你能和我们一起坐下来吃饭，我们都很高兴"，而非"你看起来气色好多了"或者"你还是胖点好看"。

❌ 规定"不好好吃饭就不能出去玩"

不提倡。这样容易把吃饭问题变成家庭权力的争夺，这种惩罚和奖励会变成吃饭的条件，把正常进食变成交换条件的工具，同时还容易加剧孩子的压力与情绪困扰。

同时家长还应关注孩子面临的风险，比如孩子是否因异常进食行为而导致营养不良或肠胃问题，是否有威胁生命安全的健康指标异常，是否有自伤行为或轻生想法，其症状是否在某些情况下容易加重，并及时就医。

不把进食行为与价值评判挂钩，更不要将做不到正常进食归因于意志力薄弱或习惯不好并予以惩罚。

孩子有进食障碍，家长该如何调整自己的心态？

- 检视自己是否有因孩子生病而产生的病耻感，调整对疾病的正常认识，避免让孩子压力加倍。

- 设立情绪边界，比如每天留出 30 分钟独处做放松的事，避免被孩子的情绪过度卷入。

- 寻求外部支持，比如参加孩子有同类问题的家长支持小组（可关注当地专科医院是否有提供给家属的类团体心理治疗），不要独自硬扛。

- 接受治疗的"反复性和局限性"，即全家全力支持，孩子的康复进程仍可能出现反复，这不是家长的失败，家长的理解和支持仍然对孩子有重要意义。

- 避免亲戚朋友的过度关心，比如让不了解情况的其他家人评论孩子的进食问题，或试图劝孩子控制自己，而应在家庭中设置规则，约定某些话不在特定时间谈论，如"约好不在饭桌上讨论吃多少"。

- 家长不是大夫，解决不了疾病的全部问题，做好情感支持就是家长能做的最重要的事。

得了进食障碍，如何面对生病的自己？

✓ 理解疾病，停止自责

进食障碍是生理、心理和社会因素共同作用的结果，有进食障碍的人不是"意志力薄弱"。接纳"我需要帮助"是治疗的第一步。当症状发作时，若负面念头涌现，如"我连吃饭都控制不了""我没用""我不如别人"，要努力意识到这些都是疾病在作祟，不能上升到对自己的个人评价。

可以告诉自己："我正在经历一种疾病，我已经很努力地应对了。若经历相同，别人不一定会做得更好。"

✓ 无评判地觉察症状发作中的情绪感受

觉察症状发作前后的情绪和想法（如感到孤独→暴食后更空虚，感到焦虑→清除后更焦虑），觉察自己行为背后的情感需求，增加自我理解，尽量客观地告诉自己"我感受到……"不去评价这些感受和行为。尝试以顺其自然的态度面对不可控的症状，减少不可控带来的焦虑，从而打破恶性循环。

✓ 在家庭沟通中寻找症状的替代表达

在家庭沟通中感到情绪不适时，不要一味压抑，可以用恰当的方式直接表达出来。比如与家人约定安全词，如家人过度干预引发患者焦虑时，提前约定某个手势或某个词语（如"暂停"），当安全词出现，意味着示意家人自己已经感到不适，请家人停止当前行为，给自己留出空间。也可以直接告诉家人自己的需要，如"我现在需要你们不要评价我的饭量，等我吃完能陪我出去散散步。"

✓ 对"复发""治愈"能正确看待

反复发作是治疗康复过程中的正常现象，不要因为反复而失去信心，或否定之前的努力和进步。同时理解治愈需要较长周期，允许自己以微小的进步康复，且偶尔可以退步后再进步，不要苛求自己尽快好转。

✓ 主动就医

进食障碍应定期规律就医，遵医嘱服药、治疗，同时，该疾病也存在威胁身体健康的多重风险，若肠胃、心脏等感到不适，也应及时就医。

第四章

失眠要看精神科吗

→ 第一节　孩子只是失眠而已

不睡觉的小伙子休学了

"请 3 号患者到第 1 诊室就诊。"

"请 3 号患者到第 1 诊室就诊。"

"请 3 号患者到第 1 诊室就诊。"

张医生的门诊叫号系统呼叫了三遍，仍然不见患者出现。张医生正准备呼叫下一位患者，鼠标还没点下去，门外进来一对夫妻，看上去像是带孩子看病的家长。

孩子母亲不好意思地向张医生解释道："大夫，抱歉啊，我们进来晚了。我孩子有睡眠问题，神经内科的专家建议来看精神科。可他死活不愿意来，都劝到门口了刚才又跑出去，他爸刚给拽回来。"

张医生看向门外，只见一个高大魁梧的男孩一脸不情愿地倚在门边，被他父亲推搡着，勉强进入张医生的诊室。这个男孩 14 岁，名叫高志远，身高已经近乎一米八，偏胖。父母主诉其当前问题为失眠、头痛，上不了学。

张医生跟男孩打招呼，男孩不予理睬，满脸气呼呼的表情，还有些微喘，脸颊涨得通红，额头上似乎正在冒着虚汗。

张医生问："你好像气喘吁吁的，来我这儿是有什么问题，能和我说说吗？"

志远没有回答，仍然满脸写着不高兴，但眼神中似乎将张医生上下打量了一番。

志远妈妈说："他胖，跑几步就是这样，刚才又跟他爸在门口拉扯……"

张医生点头，请志远和父母先坐下，随后询问道："他睡眠不好，是吧？孩子看着有些胖，睡觉的时候打呼噜吗？有没有经常呼吸暂停？"

妈妈回应："他确实经常打呼噜。不过，他现在的主要问题是**睡眠昼夜颠倒，这导致他现在不能上学**。我们怀疑是胖的原因，应该让他减减肥。他爸爸长期在外地工作，平时我管他比较多，他睡眠刚出问题时我们都没重视。他有时候爱在晚上睡觉前玩手机，我说他，他也不听，他爸又不在。如果我要没收手机，他就冲我发脾气。我只能把手机给他。有时候我会突击检查他睡没睡，我发现过好几次，他都是很晚了还关着灯躲在被子里看手机。我和他讲不睡觉伤脑子，关灯看手机特别伤眼睛，他都不听，我也没办法。后来他爸休假回家把他手机收了，他发了一通火，我们还是没有还给他。但是，我们发现他没了手机还是不能早睡，而且最近几个月越睡越晚。"

汹涌的情绪在诊室爆发

张医生问志远："爸爸妈妈把你手机收了，那你晚上不睡觉时都在干什么呀？"

志远回答："没干什么，躺着呗，反正不能用手机，那就看天花板到天亮。"

志远妈妈继续补充道："我晚上经常会去他房间看看，好几次看他躺着也没干啥。我问他，他就说睡不着，没有原因，让我别管。最夸张的时候凌晨四五点我去看他，他还醒着。这天都快亮了他还没睡觉，白天肯定没法上学呀！我之前还想，他是不是不想上学才故意这样。我也不敢问，怕他不高兴……"

志远急了，插话道："你就是会这样想我，还跟医生说！我就是为了不上学才故意不睡觉，行了吧！"

妈妈忙向志远解释："我只是之前有过这个念头，也没说你一定是。"

志远没再说话，白了妈妈一眼，发出了一声不屑的"切"。

妈妈也没再追究，转而继续对张医生说："他现在彻底不去学校了。我们目前只是和老师请了长病假，没法下决心让他休学。我们总感觉他这个睡眠应该不是什么大问题，不应该因为这个连学都上不了。但是他自从开始请假，就越来越不爱与人接触，直接和我们说他不去学校了，失眠好了也不去。我真是没办法！"妈妈一边说着，一边忍不住流下眼泪。张医生能很明显感受到妈妈强烈的无助。

　　志远爸爸站在妈妈对面，却仿佛没看到她的眼泪。他此时沉浸在自己的焦虑中，带着疑虑的口吻对张医生说："医生，**我儿子的问题其实很简单，就是失眠。我也疑惑是不是该来看精神科**。我们是听了神经内科专家的建议才来的，他说我儿子没检查出明确的身体疾病。但是我也疑惑呢，这跟精神科有啥关系？他从小都挺聪明的，除了胖点没啥缺点，精神不可能有问题！我觉得吧，他现在主要的问题就是不想上学，这事我们真不知道该怎么办。他只要正常去上学，那就必须早睡早起，生物钟自然就调过来了。所以要我说，**这就是惯出来的毛病**！他明年正常该上初三了，现在这样死活不愿意去上学，一提就发脾气。我都不知道他以后中考准备怎么办？"

　　爸爸说话时，张医生观察了好几次孩子的表情，发现志远的眉头越皱越紧，还有点咬牙切齿，脸已然涨得通红，像是在强忍着愤怒。志远把头使劲地扭向一边，不去面对父母。

　　爸爸妈妈似乎全程都沉浸在各自的焦虑中，没有关注志远的表情。爸爸话音刚落，妈妈补充道："我觉得孩子时间宝贵不能耽误，不管是不是精神科的问题，总要看了才知道。我们家就这一个孩子，需要我们父母怎么配合都可以。他要是把这几年关键的时间耽误了，以后就是一辈子的事。总之有病治病，我们肯定积极配合，他必须快点回到学校！"

　　志远突然打断妈妈，向父母吼道："再和你们说一遍，我不去学校！你们找谁都没用！"

　　志远爸爸噌地一下从座位上起来，握了握拳头又坐下了，大声对志远道："这是在医院，我不想揍你！你可别太过分啊！"

一旁的妈妈忽然再次情绪激动，难以自控地哭了起来。眼泪扑簌簌地往下掉，比刚才更加汹涌。

张医生观察着这一家人的互动：着急暴躁的爸爸，无助易哭的妈妈，以及情绪压抑的孩子。张医生觉得，**孩子父母目前比较关注孩子睡眠和上学的问题，而孩子的情绪问题如此明显，却被忽略了。实际上，往往糟糕的情绪才是孩子们出现躯体或行为问题的主因。**对于很多父母来说，要做到在孩子刚刚出现情绪问题时就给予恰当的关注并不容易。往往是等到孩子不能上学，或出现了明显的健康问题时，父母才觉察到孩子不对劲。当然，也有一部分父母能理性地带孩子就医，而不是一味地指责或威胁。

→ 第二节　比想象复杂的诊断

是关心还是监视

待一家人情绪稍微平复，张医生问及详细病史，志远妈妈说："从我发现他晚睡到昼夜颠倒不去上学，至今已经半年多了。他初二下学期基本上没怎么去学校，现在已经是暑假，还是没有好转。他现在基本上完全颠倒，从凌晨睡到下午，生物钟都乱了。今天来这儿，也是他爸硬把他从床上拉起来的。别说孩子，就算大人长期晚上不睡觉，白天精神也好不了。我之前想，要是他执意不去学校，就先找个网课在家上，别和同学落下太多。但是好几次我都见着他是听着网课睡着的，白天没精神就没法投入学习。所以我们想让他多活动活动，比如下楼打打球，跑跑步，白天有点消耗，晚上好入睡。可是，他偏不去……"

妈妈正说着，志远打断道："**我就是不爱运动，你们非逼我去！**"

妈妈面露难色，似乎想反驳又怕志远再生气，正在犹豫要不要继续说。此时，爸爸接着妈妈的话对儿子说道："你不是有两个同学和咱家住一个小区吗？你看人家那几个小伙子经常在外面打篮球，我们就是让你去找同学玩，这怎么也是逼你了？你天天就愿意抱着手机，一动不动，眼睛都玩坏了。这就是你想做的事吗？没一点儿男孩儿样子！都是一个班的同学，你们班这些男生一个个多有活力啊！再看看你，像个小老头一样！而且，**你不运动就会更胖了！**"

张医生见这一家人又快吵起来了，示意爸爸先暂停表达，并把大家拉回到病史收集的话题上来。他先对家长关心的失眠症状进行澄清："刚才妈妈说孩子目前主要的表现是失眠，白天没精神，不能集中注意力上课，对吧？"

妈妈点头同意。

张医生继续问："具体表现除了入睡难，昼夜颠倒，还有其他吗？比如睡着了容易醒吗？醒了以后还能不能再睡着？"

妈妈回答："我现在要求他不管困不困，至少晚上 12 点前必须躺下。实际上他说他躺下也睡不着，基本上都要等到凌晨四五点才能入睡，所以到中午甚至下午才能起来。"

张医生问志远："是你妈妈说的这种情况吗？"

志远点头。

张医生又问志远："你睡着以后容易醒吗？比如听到声音或感觉到光线就会醒？"

志远答道："不容易醒。我主要是睡不着，一般凌晨四五点才能睡着，有时候早上七八点可能会听到我爸妈去上班的声音稍微醒来一下，一般都能接着睡，真正醒来就是中午 12 点以后了。我妈非让我晚上 12 点躺下，但我那时候感觉还比较兴奋，没有困意，躺下也睡不着。还有就是，**她总监视我，让我很有压力**。"

张医生问："怎么监视你？"

志远回答："就是看我睡没睡着，睡不着就要给她一个合理的解释。我有时还要躺着装睡，不然她总来偷看，挺难受的。我差不多夜里两三点才会有困意，但想睡着比较困难，越想睡着越难睡着，总要熬到凌晨四五点。这个让我比较苦恼，睡觉变得特别有压力。我有时候想玩手机，是因为睡不着心烦。"

不为人知的绝望

张医生认真听着志远的描述，继续问道："嗯，你睡不着的时候会怎么办？除了玩手机还有别的办法吗？"

志远回答："没什么办法。**玩手机确实会更兴奋，但至少转移注意力，暂时不心烦**。"

张医生回应道："想睡但睡不着确实会更焦虑。"

志远说："要看我自己有没有早起的打算——如果打算早起，就更难受了。之前我和朋友约好了上午在网上视频见面，我就想早点睡，早点起来。我可能想着第二天视频有点兴奋，怎么都睡不着，很着急，过一会儿就想看一次表，越看越清醒。为了不错过约定时间，我又从床上爬起来设置了 5 个闹钟，才放心再去睡。实际情况是，那晚我一直没有睡，直到第二天和朋友视频完，我才觉得困，睡了整整一个下午。"

张医生问："这样的情况经常发生吗？"

志远想了想说："发生过几次，但多数时候第二天早上没事，晚上就是单纯的入睡困难。我有时候躺着躺着忽然想起一些烦心事，就很想马上把这个事情想清楚，不然会觉得心里硌硬，没法睡。有时明明挺累的，但是睡不着，我只能睁眼躺着，听着挂钟上面的表针转动，等待天亮。想到未来每天如此生活，我很绝望……"

张医生打断志远问："绝望时想什么，能说说吗？"

志远回答："**绝望就是不知道这样何时才是个头儿，一到晚上要睡觉我就压力很大。**也没什么其他的想法。"

【知识点】

有时青少年会在言谈中向医生、治疗师或家人表达自己的绝望感，这可能是一种情绪的抒发，也可能是一个求助的信号。当我们听到类似的表达时，要有敏锐度，应结合实际情况，判断这是否只是一个夸张的口头禅，还是孩子真的存在极端情绪或想法，是否存在风险。

睡眠出了什么问题

张医生点头，一边做着病历记录，一边继续评估症状细节：

"这种情况一周能发生两三次吗？在失眠的这半年里一直是这样吗？有没有什么变化？"

志远妈妈许久没说话，替他回答道："我觉得他这半年好像变化不大，要说变化就是更严重了。最开始熬到两三点就能睡着，我听着他经常打呼噜，现在确实是四五点才睡着。这种情况每周肯定不止两三天，差不多每天都是吧，一周至少五天。"

张医生点头，继续问："做梦多吗？有没有经常从梦中惊醒？"

志远回答："做梦挺多的，但是大部分想不起来。基本上都是不好的感觉。"

张医生回应道："不好的感觉，是指噩梦比较多吗？是焦虑、害怕的感觉吗？"

志远回答："差不多吧。"

张医生问："除了刚才说到的，睡眠方面还有没有其他和以前不一样的地方吗？"

志远摇摇头说："好像没了。"

为了排除其他生理疾病引起的失眠问题，张医生又向志远的父母确认了孩子目前并没有糖尿病、冠心病、关节炎等可能引起失眠问题的慢性疾病。根据患者提到的打鼾问题和白天睡觉的问题，张医生还要进行询问，进一步排除**嗜睡障碍**或**发作性睡病**，以及**与呼吸相关的睡眠障碍**问题。

【知识点】

嗜睡障碍的诊断标准

尽管主要睡眠周期持续至少 7 小时，但自我报告的过度困倦（嗜睡）至少有下列 1 项症状：

在同一天内反复睡眠或陷入睡眠之中；

延长的主要睡眠周期每天超过 9 小时，且为非恢复性的（即非醒后精神焕发的）；

突然觉醒后难以完全清醒；

嗜睡每周至少出现 3 次，持续至少 3 个月；

嗜睡伴有显著的痛苦，或导致认知、社交、职业或其他重要功能的损害；

嗜睡不能更好地用另一种睡眠障碍来解释，也不仅仅出现在另一种睡眠障碍的病程中（如发作性睡病、与呼吸相关的睡眠障碍、昼夜节律睡眠—觉醒障碍，或睡眠异态）；

嗜睡不能归因于某种物质的生理效应（如滥用的毒品、药物）；

共存的精神障碍和躯体状况不能充分解释嗜睡的主诉。

发作性睡病的诊断标准

首先，在同一天内反复地不可抗拒地需要睡眠、陷入睡眠或打盹且在过去 3 个月内每周出现至少 3 次。

然后存在下列至少 1 项：

长期患病的个体中，有短暂（数秒到数分钟）发作性双侧肌张力丧失，但可维持清醒状态，可以通过大笑或开玩笑诱发；

儿童或个体在起病的 6 个月内，无意识地扮鬼脸或有下颌张开发作，伴吐舌或全面张力减退，且无任何明显的情绪诱发。

下丘脑分泌素缺乏，用脑脊液（CSF）测定下丘脑分泌素 -1 免疫反应值（使用相同的测定法，数值小于或等于健康受试者 1/3，或者小于等于 110 皮克 / 毫升）；

夜间多导睡眠图呈现出快速眼动睡眠潜伏期小于或等于 15 分钟，或多次睡眠潜伏期测试显示平均睡眠潜伏期小于或等于 8 分钟，以及 2 次或更多次的入睡期快速眼球运动睡眠。①

---

① 美国精神医学学会 . 精神障碍诊断与统计手册［M］. 第 5 版 . 北京：北京大学出版社，2016：358–363.

根据诊断标准，张医生考虑排除嗜睡障碍或发作性睡病。

和呼吸相关的睡眠障碍

他向志远及其父母解释道："睡眠问题不仅有失眠障碍这一种，还有很多相关的障碍分类。志远虽然白天睡觉，但目前来看主要是由于夜间入睡时间推迟造成的，并非在白天反复陷入睡眠；睡醒后虽仍然常感精神不济，但并不需要再次入睡。所以，可以先排除嗜睡障碍或者发作性睡病。"

志远妈妈问："那打呼噜的问题要紧吗？我觉得他打呼噜声音挺大的，好几次我都想把他叫醒，就怕他一口气上不来了。"

志远看了妈妈一眼，好像觉得妈妈小题大做。小声嘟哝了一句："没这么夸张。"

张医生回答："妈妈的担心也不是完全没有道理。临床上我们确实存在一个疾病的分类，就叫'和呼吸相关的睡眠障碍'，但不是单从打呼噜的感觉来判断的。我建议志远要做一个睡眠监测。我们有专门的仪器可以监测他睡着以后的各项生理指标。睡眠期间的呼吸暂停也有很多种，比如阻塞性睡眠呼吸暂停、中枢性睡眠呼吸暂停，还有和二氧化碳浓度水平升高有关的呼吸减少、通气不足等。这些细说起来比较复杂，你们可能听着有点乱，记不住也没关系。但是机器监测可以让我们更准确地判断他睡眠中的呼吸情况，以及如果存在暂停，具体的暂停次数是怎样的，从而可以得出进一步判断。"

心理检测不可少

志远父母点点头，均表示同意张医生的意见。不过，志远爸爸似乎还有疑虑。他问道："医生，我原以为他就是养成了睡眠的坏习惯，没想到从你们专业的角度还有这么多复杂的问题。是不是做了您说的这个睡眠监测，就能确定问题了呢？"

张医生答道："根据他现在的情况，**做睡眠监测是会对诊断很有帮助，但也不是靠睡眠监测来给出一个最终诊断结论的**。不知道你们是否觉得，孩子的情绪一直不太好，焦虑情绪是比较明显的，情绪波动也比较大。我们还要考虑情绪层面的很多因素。理解你们的急切情绪，但看病还是要一步一步来。"

张医生想了想，又补充道："**我建议你们再做一些心理测验，**就是需要孩子配合医生完成一些量表上的题目，也是我们评估的一部分，看一下孩子的情绪还有睡眠状况。很多人的睡眠问题都和抑郁或焦虑的情绪有关，了解这个部分非常重要。请你们做完这些检查，再到门诊来找我。"

【知识点】

心理测验是精神科评估和诊断中常用的辅助工具。在医院，心理测验主要通过一些自评或他评的专业测验来评估患者不同方面的心理、情绪状态及症状表现、严重程度等。心理测验的编制要经过一系列专业、复杂、严谨的过程，其解读也需要由专业人士来完成。仅仅通过测试题呈现的表面结果或电脑生成简要解释来下诊断是不够的，还需要临床医生的综合评估。

心理测验可以通过人的某些有代表性的行为及心理特点，来了解贯穿这个人整体的、主要的心理及行为特点。测验既可以观测人的外显行为，也可以观测人的隐蔽行为。这些被观测到的隐蔽行为有时本人也不一定察觉得到。

→ # 第三节　不能谈的焦虑

"他们不知道，他们不关心。"

志远的睡眠监测报告出来了，张医生看到其监测结果并不足以做出呼吸相关的睡眠障碍诊断。那么，张医生对志远睡眠问题的判断基本可以聚焦在失眠障碍或昼夜节律睡眠—觉醒障碍了。

【知识点】

失眠障碍的诊断标准

1. 对睡眠数量或质量的不满，伴有下列 1 个（或更多）相关症状：

入睡困难（儿童可以表现为在没有照料者的干预下入睡困难）；

维持睡眠困难，其特征表现为频繁地觉醒或醒后再入睡困难（儿童可以表现为在没有照料者的干预下再入睡困难）；

早醒，且不能再入睡。

2. 睡眠紊乱引起有临床意义的痛苦，或导致社交、职业、教育、学业、行为或其他重要功能的损害。

3. 每周至少出现 3 晚睡眠困难。

4. 至少 3 个月存在睡眠困难。

5. 尽管有充足的睡眠机会，仍出现睡眠困难。

6. 失眠不能更好地用另一种睡眠—觉醒障碍来解释，也不仅仅出现在另一种睡眠觉醒障碍的病程中（如发作性睡病、与呼吸相关的睡眠障碍、昼夜节律睡眠—觉醒障碍、睡眠异态）。

7. 失眠不能归因于某种物质的生理效应（如滥用的毒品、药物）。

8. 共存的精神障碍和躯体状况不能充分解释失眠的主诉。

昼夜节律睡眠—觉醒障碍的诊断标准

1. 一种持续的或反复发作的睡眠中断模式，主要是由于昼夜节律系统的改变，或在内源性昼夜节律与个体的躯体环境或社交或职业时间表所要求的睡眠—觉醒周期之间的错位。

2. 睡眠中断导致过度有睡意或失眠，或两者兼有。

> 睡眠紊乱引起有临床意义的痛苦，或导致社交、职业和其他重要功能的损害。①

到目前为止，张医生可以确定的是，志远存在比较明确的失眠问题，其失眠表现也存在昼夜节律上的异常。可除此之外，仍不能忽视的是志远比较明显的情绪问题，张医生需要确定适合志远的第一诊断。

张医生翻了翻志远的心理测验报告，显示重度焦虑和中度抑郁。志远妈妈也很担忧，询问道："医生，他这个情绪问题怎么看起来这么严重呢？我平时都没发现他情绪这么不好！"

志远听到妈妈的话，小声嘟哝着说："他们当然不知道。他们不关心这个。"

张医生安抚妈妈道："嗯，是存在一些情绪问题啊，也许睡眠问题太突出了，占据了你的注意力。不过，我们也不是单纯凭报告上的解释来判断的，还是要综合各种因素来看，你别太着急。"

张医生随后转头问向志远："半年之前，或更早的时候，你有过失眠或者是昼夜颠倒的情况吗？当时觉得心情怎么样？"

---

① 美国精神医学学会.精神障碍诊断与统计手册［M］.第5版.北京：北京大学出版社，2016：352-353.

志远犹豫片刻，言简意赅地回答："不怎么样。"

张医生追问："是睡眠不怎么样，还是心情不怎么样？可以具体告诉我吗？"

志远蹦出两个字："心情。"

张医生继续追问细节，志远才多说了一些。他说："睡眠问题是这半年才有的，以前不明显。但是**我从小到大，大部分时候心情都不好，我爸我妈肯定是不知道的，他们从来都不知道我的感受**。我觉得上了初中心烦更明显，想发脾气，又很容易累，注意力集中不到学习上，听不进去课也静不下心来写作业，所以不想去学校了。我不是偷懒，是真的感觉去也没用，压力还很大。我脑子里一直在想很多事情，而且我怕以后还会有更多麻烦无法解决。我讨厌晚上，一到晚上，夜深人静时就忍不住想以后可能遇到的麻烦事。但是具体想的事情我记不清了，情绪不好的原因我也不想说。"志远说话时一直用右手扣左手的手指，淡定的语气中好像藏着难以掩饰的紧张。

张医生注意到了志远的状态，询问道："是不想和我说，还是不想和爸爸妈妈说呢？"

志远不回应。

广泛性焦虑障碍

张医生对志远的拒绝表示理解，又问："半年前刚开始睡不着时，生活或学习中发生过什么事情对你有影响？"

志远否认有什么事情，并表示拒绝继续回答关于情绪的问题。

　　虽然志远拒绝继续沟通，但张医生已经可以从志远的描述中判断，**志远的焦虑情绪非常典型，几乎符合诊断广泛性焦虑障碍的各项标准。**他的睡眠问题，与情绪心理问题大概关系密切。张医生想，或许志远当着父母和医生的面不想说太多，也或许是他真的在情绪表达上存在困难，确实不必逼他立刻说明。这些内容，更适合放在心理治疗中去谈。

【知识点】

广泛性焦虑障碍

　　1. 在至少 6 个月的多数日子里，对于诸多事件或活动（如工作或学校表现），表现出过分的焦虑和担心（焦虑性期待）。

　　2. 个体难以控制这种担心。

　　3. 这种焦虑和担心与下列 6 种症状中至少 3 种有关（在过去 6 个月中，至少一些症状在多数日子里存在）：

　　坐立不安或感到激动或紧张；

　　容易疲倦；

　　注意力难以集中或头脑一片空白；

　　易激惹；

肌肉紧张；

睡眠障碍（难以入睡或保持睡眠状态，或休息不充分的、质量不满意的睡眠）。

注：儿童只需1项。

4. 这种焦虑、担心或躯体症状引起有临床意义的痛苦，或导致社交、职业或其他重要功能方面的损害。

5. 这种障碍不能归因于某种物质（如滥用的毒品、药物）的生理效应，或其他躯体疾病（如甲状腺功能亢进症）。

6. 这种障碍不能用其他精神障碍来更好地解释。[①]

接受心理治疗 ≠ 患上精神病

考虑到志远的情绪问题，和当前不能上学等种种困境，以及他在诊室中提到过"绝望"的感受，张医生认真地看着志远，询问道："你能不能告诉我，你有过极端的想法吗？比如特别绝望时会不会想做伤害自己的事情，或者产生结束自己生命的想法呢？"

志远想了想，答道："确实有过一瞬间的念头，但没真的想

---

① 美国精神医学学会. 精神障碍诊断与统计手册 [M]. 第5版. 北京：北京大学出版社，2016：214-215.

做什么，这算吗？我觉得应该算是没有吧。**我挺惜命的。但是如果真的有一天一切都没救了，那我也不知道会怎么样**。"

张医生问："一切都没救了是指什么呢？"

志远再次陷入沉默。

张医生表示尊重，并没有咄咄逼人地追问下去，而是建议道："你愿意试试心理治疗吗？以前有没有听说过？"

志远问道："听说过，我们学校就有心理老师，不过我没去找过。不知道和你说的心理治疗是不是一样？"

张医生解释："会有相似的地方，但也不完全一样。我觉得你既然愿意告诉我们你心情不好，但是又不想在这里被问太多，我们或许可以给你提供一个更安全的环境去谈谈你的心事。如果你愿意和心理治疗师谈一谈你的担忧，你们的谈话内容是可以保密的，你可以选择单独和治疗师谈，也可以邀请你的爸爸妈妈一起谈。没有你本人的同意，爸爸妈妈都不能随便了解你和治疗师的谈话细节。"

志远似乎对此并不反感，问道："那，是有精神问题的人才去看心理治疗吗？**我觉得我不是精神病，我只是情绪很不好**。你会不会把我当成精神病啊？"

张医生回答："我们大家或多或少都会有情绪不好的时候，严重时也可能达到焦虑或者抑郁问题的诊断标准，但这和你以为的'精神病'不是一个意思。去做心理治疗，就是去聊一聊自己的情绪困扰，从想法和感受层面对'心理'进行治疗，只要能沟通，谁都可以去。"

　　志远的妈妈在一旁劝说道："儿子，咱们去试一下吧，我们肯定配合。你如果有什么心事不想告诉我们，就找个能保密的人说说心里话，看看心理治疗师能不能帮上你。"妈妈一边说，一边示意志远爸爸表态。

　　志远爸爸似乎也意识到自己之前忽视了孩子的情绪问题，表示愿意带儿子去做心理治疗。

→ # 第四节　房间里的大象

"他们一直在骗我，把我当白痴。"

在张医生的建议下，父母带志远来到心理治疗门诊，挂上了治疗师安宁的号。

由于志远尚未成年，安宁需要当着父母的面向志远一家讲解心理治疗的知情同意，包括保密原则、治疗时长、门诊心理治疗的预约方式、进行方式及相关设置等信息。

在保密原则部分安宁额外强调："**志远可以选择一对一的个体心理治疗会谈，也可以选择有父母加入的家庭治疗会谈。如果进行一对一的个体心理治疗，需要请父母在外等候；如果父母想了解会谈内容，我必须先征求志远本人的同意，否则不可以向父母随意透露志远的隐私。当然，我可以征得志远同意，且不涉及具体隐私的前提下，让父母作为监护人了解治疗的大致进展。只有涉及伤害自己或他人的意图、行为，或者涉及法律问题，未成年人侵害问题，我才会突破保密原则。**不知道这部分有没有什么疑问？"

父母尚未表态，志远便坚定地说："我要单独谈，让我父母出去吧。"

安宁看向志远父母。他们也表示没有问题，于是出门等候。

父母离开后，安宁问志远："志远你好。那现在我们就可以正式开始了。我刚才看你不假思索就决定单独谈，是想和我聊些什么问题呢？"

志远没有立刻回答，他看到安宁在看电脑，且似乎正要敲键盘，便问："你会把我说的话记录到电脑里吗？我相信你说的保密原则，但是不知道这个记录有哪些人会看到呢？"

安宁解释："我会概括性地记录一些主要信息，主要是你的症状和治疗目标，大概进程。如果涉及你特别在意的隐私问题不想被记录，你可以告诉我，我不会写得太详细。我们的系统是保密的，也不会随便透露你的信息给外部无关人员去看。除非涉及生命安全和法律问题，即使你的家人来到我的门诊，也不能在你不同意的情况下随便获知你的治疗信息。你是有什么担心吗？"

志远回答："哦，知道了。我现在没有担心的了。"

安宁看志远小小年纪，却心事重重的样子，问他："如果有任何担心都可以随时告诉我，我愿意为你解答。"

志远低下头，忽然间眼泪开始在眼眶里打转，脸上写满了委屈。

安宁放缓了语气，坚定地强调："我会为你保密的。"

志远神色凝重，沉默片刻，终于鼓起勇气向安宁坦白："**我发现，爸爸妈妈背着我离婚了。**"

安宁有些讶异，刚才看到志远父母一起过来的样子，并未觉察他们已经离婚。安宁问："你是说爸爸妈妈离婚了没有告诉你吗？你是怎么知道的？"

志远说："我听到我妈打电话和别人说起。我问过一次，她说我听错了，没有的事。但是后来我发现了他们的离婚证，就知道是真的了。爸爸工作一直比较忙，平时回家比较晚，时不时还要去外地出差，最长的一次出差去了两个月才回来。但是最近他说他被调到了外地，大部分时间都不能回家了。他现在几个月才回来看我们一次，还不在家里住。我一开始没多想，就是问我爸爸为什么不回家。以前他也经常出差，但我从没想过这次是因为他们离婚了。他们一直在骗我，把我当白痴。"

安宁询问："你是什么时候知道他们离婚的？"

志远回答："就是初二寒假。"

安宁想，这时间正是半年以前，当时志远的失眠问题逐渐严重并且开始不能上学。安宁看着面前这个 14 岁的男孩，想到他把这样一个秘密在心里藏了半年，一直在父母面前假装不知道，还和父母各自"演戏"，安宁没法不为这个孩子的做法感到唏嘘。

安宁见过不少父母离婚后对孩子隐瞒实情，多数是出于对孩子的保护。安宁觉得这的确不是一个最佳的处理方式，但可以理解。在安宁的经验中，很多孩子往往是在成年后或中考、高考等重要节点之后突然得知父母离婚的真相，不少孩子都会因打击太大无法接受而大哭大闹，甚至做出一些极端行为威胁父母，或哀求父母一方不要离开。比起那种令人撕心裂肺的激烈场面，志远得知真相后的情绪似乎更像滴水穿石，不动声色却戳入心肺。

"你是第一个关注我感受的人。"

安宁问："你看到离婚证以后去问过爸爸妈妈吗？"

志远此时已经恢复了平静，他答道："问过啊，我当时听到电话立刻询问我妈，她没承认。后来是我自己趁他们不在时翻出了离婚证。看到离婚证，我觉得就不需要再问了。其实他们离不离婚也无所谓，不离婚我爸也一样不在家，我习惯了。我就是接受不了他们骗我，把我当白痴。"

安宁感受着志远的无助、伤心还有愤怒，认真地看着志远，想要多听一些他的表达。安宁想，志远哪怕是发发脾气，表示愤怒也好，但他没有。安宁想，志远当时的感受一定比安宁此刻感受到的更加复杂。

志远也注意到安宁的反应，问道："你怎么不继续问我问题了？你是不是想说我为什么要假装不知道？我觉得既然他们不想告诉我，就算我知道了也可以继续假装，让他们以为自己得逞了，我就看他们能演到什么时候。我有个朋友的父母也总吵架，他说如果父母离婚他就和父母同归于尽。可我不会，我对他们很失望，如果他们问我离婚要跟谁，我谁都不想跟。"

安宁回应道："换作我是你，我也会很愤怒。"

志远用略带惊讶的语气说："我以为你会劝我理解他们，会觉得他们不告诉我是为我好。"

安宁回答："如你所说，你也猜想过爸爸妈妈不告诉你是想保护你，可你仍然这么生气。因此，**我想知道的是你对这份'保护'的真实感受**。我听到的是，你感到震惊、愤怒、伤心、无助，或许还有一些矛盾。"

志远说："**你是第一个这么关注我感受的人**。"

感受

安宁回应道："你觉得爸爸妈妈不关注你的感受吗？"

志远说："他们很少关注我的感受，很难理解我。这就是不在乎吧。"

安宁说："嗯，或许你比我更有发言权。不过，我想到你刚才所说的'保护'，当你想到他们或许是为了保护你才不告诉你时，你是什么感觉？"

志远回答说："有点矛盾吧。"

安宁说："确实。好像一方面觉得他们不在乎你的感受，另一方面又觉得他们是担心你的感受才不说。看起来，他们并非不在乎你。你不知道怎么处理这种矛盾的感觉。"

志远点头。

安宁继续说道："所以，这种矛盾的感觉我能不能理解为一种压力，让你在愤怒中又感到一点内疚，无所适从。"

志远再次表示同意，而后询问道："你觉得我的失眠问题和他们离婚有关系吗？"

安宁问："你怎么想呢？"

志远回答道："从时间上看，**我的确是在发现他们离婚后失眠问题变严重了**。但我不知道为什么会这样。我是很气愤，但我觉得我没那么在乎。我爸妈感情很淡，说不到一块儿，我爸爸也总是不在家。他们的婚姻形同虚设，早就没有意义了，我小时候甚至还想过让他们离婚算了。"

安宁问："你能说说你最初夜里睡不着时，都在想些什么，做些什么吗？"

志远想了想说："真的记不清了。我当时刚发现爸妈离婚，特别生气，有点激动，也想过要不要找他们对质。但是，我也有点害怕。**如果他们真的分开，我是不是就没有家了**。我以前经常想逃离他们，**我想离开这个家，但是我又很怕真的失去**。"说到这里，他的语气有些哽咽。

安宁说："我倒是觉得你把自己的感受说得很清楚，恐怕你已经思考这些问题很长时间了。是不是觉得不去对质，还可以维持现状？"

"是吗？我不知道我是不是这样想，或许有。我不太会表达，总是生气，特别容易愤怒。尤其是和我爸妈在一起时，我们一说话就吵架。我妈性格很软弱，我爸强势又很急躁。他们两个也无法沟通，我觉得他们好像没有感情。我们家糟透了，根本不值得留恋！"志远说这话时，一只手紧紧攥着自己的衣角，眼里噙着泪水。

安宁回应道："你看上去愤怒又伤心。"

志远没有说话。

安宁继续说道："我有一种感受，或许是你的，也或许不是你的，我不确定。你愿意听听吗？"

志远表示愿意。

安宁说："我感觉你似乎很不愿意让自己为父母离婚的事情伤心愤怒，这也是你不去和他们对质的原因之一。"

安宁故意停顿了一下，看志远没有反对的意思，又继续说道："**你希望自己不在乎，或者说你认为自己本应不在乎。当你发现你其实非常在乎时，你不仅气他们，更气自己。**"

志远的表情显得有些意外，对安宁说："你好像真的很懂我，我没想到有人可以这么快理解我！你对所有人都是这样的吗？"

安宁回答："也不一定，有时候我也会误解别人。可能是你在不知不觉中向我真诚地展现了你自己。"

志远问道："真的吗？我一开始其实没有那么相信你，但是你很快就让我感觉不一样。我觉得你好像是会懂我的。"

安宁说："我理解你心里放着很多隐而未说的东西。这是因为你遇到了困难，而不是有意为难我。"

志远点头，陷入沉默。

房间里的大象不会自己消失

安宁继续说道："你提到和爸爸妈妈一说话就想发火，我想你也一定是在和他们的沟通中遇到了困难。你大概也不希望别人误解你，说你是个挑衅难搞的孩子。"

谈话到此，志远的状态已经明显柔和下来。

安宁告诉志远："你父母离婚的事，目前就好像你们家里进入了一只谁都能看见的大象，但每个人都装作看不见。这个事已经发生了，但每个人都回避去谈，每个人都对此感到困难，然而房间里的一只大象是无法靠回避而消失的。它太大了。"

在本次会谈结束时，志远主动和安宁约定下一次见面的时间。他有些高兴，第一次有意愿在这个全家人讳莫如深的话题上与治疗师多谈一些。

→ 第五节　家庭视角下的个体治疗

希望爸爸在，但不是这种"在"

志远的心理治疗一直在持续进行，每当他和治疗师安宁聊到自己和爸爸妈妈的相处时，情绪仍然会变得很激动。

经过多次会谈，安宁对志远有了更丰富的了解。

志远的爸爸从事销售工作，常年出差。在志远眼中，他和爸爸的关系是比较疏远的。他觉得爸爸在外很能干，能解决很多问题，也有很多应酬，很忙碌。但爸爸有时酒醉回家会骂人，还对妈妈动过手；即使不喝酒，一回家也总是脾气急躁，容易发火。爸爸对妈妈不够尊重，一方面志远对爸爸不满，另一方面好像也在无形中认同了爸爸，觉得妈妈软弱无能，和妈妈讲话时缺乏耐心。

志远说："我觉得我爸对我很不满意，他虽然对我管得不多，却总是挑三拣四，看不惯我。他回家少，回来后交流也少，总打电话。不过我也不想和他交流，因为他不是说我胖，就是说我懒，要么就是对我的学习不满意，没完没了地提意见、数落我，回头还会责怪我妈。**我有时候还有点恨他。**"

安宁问："恨他？比如什么时候你会感觉恨他？"

志远举例道："比如他喝醉了回来胡乱骂人，打我妈。还有他挑我毛病的时候，我觉得他特别可笑，特别讨厌。**我有时候希望他别回来。可是如果他真的一直不回来，我又有点担心，怕他再也不回来了。**"

安宁回应道："又害怕，又愤怒，又担心他真的不回来，承受这么多真是不容易。其实你对爸爸的感觉挺矛盾的。你对他有需要，希望他在，但是他回来后打人骂人的表现又不是你想要的。"

志远点头。

安宁问："如果想象你心中所需要的那个爸爸，你希望他是什么样呢？"

志远说："其实我没有多高的期望，他只要能多关注一下我和我妈的生活，多回家，别耍酒疯，就可以了。"

安宁问："爸爸数落你时妈妈是什么反应？"

志远回答道："我爸说我时，我经常会和他吵起来。**我不像我妈那样好欺负。**我妈有时会来劝我们，但是她说的话都没有用。她一来，我爸就把火又撒到我妈身上，责怪她没把我管好。"

安宁继续问："爸爸妈妈会经常为你的事情吵起来吗？"

志远说："我觉得是我爸单方面发作，如果能吵架就好了！我爸发火时，我妈很软弱。她要么不说话，要么解释一些没用的，要么哭。她平时总和我说要表现好点儿，否则我爸会不满意。我就很生气，她怎么那么害怕我爸不满意呢？她怎么就那么好欺负？"

安宁回应道："你挺心疼妈妈的，是吗？"

志远点点头"嗯"了一下，答道："我爸因为对我不满而怪我妈，感觉是在变相对我施压。"

安宁向志远确认道："你一方面不满他对妈妈糟糕的态度，心疼妈妈；另一方面生气他用这种方式给你压力，让你愧疚？"

志远说："是啊，挺残忍。"

安宁回应说："看起来你很失望。你盼着爸爸回家，但盼来的好像不是心中渴望的那个爸爸。"

志远同意。

让人心疼又心烦的妈妈

安宁又询问志远妈妈的情况。志远回答道："我妈妈是企业的工作人员，我也不清楚她具体做什么，大概是在办公室写材料。她不太忙，工作稳定。从小到大都是我妈和我在一起，她比我爸好沟通一点儿，但是她也不理解我。"

安宁询问志远感到不被理解的缘由，志远解释道："我妈特别爱操心，但是她像没头苍蝇一样总是管些不该管的事，我希望她关注的事情她反而注意不到。我爸对我不满意时还总顺带说一句'都是我妈惯的'或者质问我妈'为什么会这样'。这一点我烦透了！我妈现在盯上了我睡觉的事，晚上总来我房间看。我压力更大了，让她别管她根本不听。"

安宁问："你希望妈妈关注你什么呢？"

志远也犹豫了，他说："不太清楚。我希望她不要总盯着我，理解我想一个人待着。"

安宁回应道:"你希望妈妈理解你内心深处真正的需要并且尊重你,希望她还是多关注你的感受。"

志远说:"算是吧,但我也不指望。我爸根本不想理解我。我妈倒是想,但是她理解能力不够,说话也说不到重点。我着急了会冲她发脾气,看到她委屈的表情我又很后悔,想扇自己几巴掌。"

安宁说:"你好像经常觉得生气,愤怒,其实是很无助的感觉吧。"

志远再次点头,好像被"无助"这个词戳中了。他从没想过自己的愤怒是因为无助,但这似乎确实是他愤怒时的感觉。他的愤怒中除了无助,还有委屈、害怕,很多很多,他说不出来。但是当安宁替他说出来时,他觉得和安宁的距离一下子拉近了很多。

父母的管教,越管越糟

志远回忆道:"其实我睡不好不是这半年的事,很早以前就偶尔会失眠。焦虑考试或者和父母吵架后生气,都会失眠。他们特别在意我的学业,我考不好家里就会爆发冲突,我压力很大。还有就是,我朋友不多,那时候认识了几个网友,他们和我有一些相似的经历,特别能够相互理解。我很喜欢和他们聊天,所以我们晚上经常聊到很晚,有时相约一起打游戏。不过很多时候我都没办法全程参与他们的活动,因为我妈会进屋催我睡觉。我有时候心情真的很差,就是**单纯地想和朋友倾诉一下,也被我妈打断了**。我放下手机还是生气,睡不着。"

安宁问："你说的这是什么时候的事情呢？"

志远回答道："这应该至少有一年多了，当时还不知道我爸妈离婚。**他们总觉得我睡不好觉是因为胖。他们只能看见这种简单的，和他们无关的原因。**于是我爸总说让我和小区的几个同学去打球，但我和那几个人并不熟，我不想去。我爸就说他想不通，去去不就熟了。他总把我的事情想得很容易，也不管我为什么不想去。但是他不知道，我和那几个男生不仅不熟，还在班里有过冲突。这些事，我都不想和他解释。"

安宁听了这些，更加明确糟糕的情绪才是造成志远睡眠问题的元凶。

睡不着的少年，在想什么

志远继续说："半年前发现我爸妈的离婚证时，我有点蒙了。我想过让他们离婚，但我没想到他们真的能分开，而且还一直把我蒙在鼓里。我不知道该不该告诉他们我知道了。知道真相的那一晚，我感觉特别焦虑，几乎整夜没睡。"

安宁回应道："那一晚非常难熬吧？有点冲击。"

志远回答说："没错，有点冲击。我认为他们离婚合情合理，但还是很惊讶，也很愤怒他们瞒着我。从那以后，我一到晚上就焦虑，脑子里有很多乱七八糟的东西，有时候和我父母有关，有时候也不知道是什么。慢慢地，一想到天黑了又要睡觉，还没上床我就开始焦虑，每一个晚上都变得更难熬了。"

安宁问："你之前说过担心自己真的没有家。"

志远说："是，我可能有点害怕。**我发现自己真真正正地没有家了，才明白自己没那么潇洒，也没那么无所谓。**我不知道我爸会不会哪天出去就再也不回家了，或者有一天我妈会偷偷离开？我猜想了很多种情况。"

安宁表示理解，说道："好像你会担心更多的不告而别，就像他们不告诉你离婚的事情一样。这让你很没有安全感吧？"

志远说："是。我也担心我妈过不好，她总是不擅长处理问题，不像我爸能力很强。"

安宁回应道："你口中的妈妈似乎能力差，理解力不够好，也不擅长处理问题。可她却能一个人承担起家里的大小事务，这还挺不可思议的。"

志远略带惊讶地回应道："这么一想，我妈也没有那么糟糕，可能也有她坚强的一面。"

安宁点头说："是啊。爱哭的妈妈也有令你想象不到的坚强的一面。"

志远说："这一点我之前没有想到，或许我也不够了解她。以前我爸总说她干什么都不行，而且我爸发火时她总是退让。所以我觉得她很软弱，而且好像真的什么都不行。"

安宁回应道："当爸爸发火时，妈妈并不会同样发火让矛盾升级，这或许是退让，但也正是因为有了她的退让，战火才能及时平息。这不是人人都能做到呢！"

志远说："你的意思是她还挺有承受力的对吧？或许我真的只看到她的软弱，也忽视了她的坚强。或许我可以试着对她放心。"

安宁回应道："你的焦虑中既有对失去家的不安，也有对妈妈的担心和在意。可能，还有一些对爸爸的需要，尽管你时常感到失望。"

志远说："是的。"

安宁接着说："志远，你有没有发现，**你是如此在意妈妈，却也只能用'她不行'这样类似贬低的方式去表达你的关心。好像在你们家，大家都对'直接表达爱和关心'不太熟悉，而是更多使用伤害性的语言去交流。**"

志远的语气变得平和了许多，他表示同意并回应道："嗯，你说得没错。我们都不擅长表达。"

"幸福"

安宁问："你爸妈现在似乎都开始意识到你的睡眠问题和情绪关系很大。你生病以后他们有什么和以前不一样的地方吗？"

志远说："是有一些变化。我爸最近发火少了，回家也比以前多了。我妈有时候也不再强求我做一些事情。最近我爸也没有酒醉回家打人骂人。"

安宁回应："你期望中的爸爸似乎做到这样就可以。他现在差不多做到了，你感觉怎么样？"

志远说："感觉挺好的，我也不期望更多。"

安宁用十分认真的语气询问道："志远，你觉得如果病好了，对你而言是好事吗？比如，你觉得爸爸还能保持现在这样吗？"

志远愣了一下，沉默许久，说道："我不清楚，会有一点儿担心他变回去。他们俩最近一起在家的时间比以前多了不少。我知道这都是自欺欺人，因为他们已经离婚了。可是，**如果我生病能让他们暂时保持现在这样，好像也值了**。你别多想，我真不是装病。我也没想到他们会为我改变。**其实他们带着我到处看病，我有时候甚至觉得有点幸福**。"

听到志远口中的"幸福"，安宁有些伤感。

随着对话的进展，安宁心中构建出一幅更加立体的图景，将失眠的志远和他身后的家庭关联起来。志远的病真的是他一个人的问题吗？在安宁看来，**或许志远只是在无意中将这个家庭中的问题以自己生病的方式呈现了出来**。要帮助解决志远的问题，不能不考虑他的家庭因素。

一个家庭的成长

在后来的会谈中，安宁和志远一次又一次探讨和梳理志远对父母的感受，以及家庭成员之间的相互影响。志远对自己的焦虑有了更多的理解，他开始能够承认自己对爸妈的在意和担心，以及对美满家庭的渴望和被抛弃的恐惧。

志远逐渐能够更坦诚地面对自己的感受，无论这份感受是积极还是消极，是脆弱还是坚强。渐渐地，他也试着去面对自己对爸妈的需要和不满，承认爸妈对他的在意和关爱始终没有消失，也承认爸妈有各自的不完美，甚至有些做法给他带来过失望与伤害。**这是一个漫长的过程，志远需要学会的是整合爱与恨的感**

觉，接纳现实与理想的不同，面对失望与不安。这对一个青少年而言，是极其不易的，但也是一个重要的机会，去获得心理上的成长。

后来，志远选择主动告诉爸妈他发现离婚证的事，也鼓起勇气向爸妈表达了自己的感受和想法。爸爸妈妈忽然发现，他们眼中那个不懂事的小孩子其实早已渐渐长大，心中感慨万千。爸爸妈妈也受到志远的触动，将离婚的具体情况以及未来的安排告诉了志远。

爸妈的婚姻最终无法靠志远的努力而修复，但他们学会了对彼此多一点的信任，以及尝试以成熟的方式去沟通。志远的焦虑有了一定缓解，虽然生活和学习中的考验仍然层出不穷，但志远比以前更有信心去面对复杂的局面。

在心理治疗的整个历程快要结束的时候，志远告诉安宁："我觉得我还是经常情绪不好，但我可以面对这样的自己了。我会更有耐心，慢慢地让自己变强大。"

→ 本章锦囊：青少年出现睡眠障碍，家长应该怎么做？

造成慢性失眠的因素有多个方面，大体可分为三类：

易感因素：

先天素质、性格、敏感度等因素，比如对环境变化敏感可能比不敏感更容易出现失眠。

诱发因素：

疾病或受伤、突发事件、环境改变等应激事件影响短期情绪状态，可能造成短暂性失眠。

维持因素：

对短暂性失眠的不良应对策略，如饮酒、在床时间过多、睡前反复思考睡眠问题、故意提早上床、睡懒觉等，可能导致急性失眠发展成慢性失眠，达到失眠障碍的诊断。

青少年如果出现了睡眠障碍，家长可以从以下几个方面去尝试改善：

✓ 营造适宜的睡眠环境

给卧室更换遮光窗帘，提供安静的睡眠环境，保持适宜的室内温度，选择舒适且透气性好的寝具。

✓ 建立睡前仪式

例如，睡前 30 分钟全家进入准备睡觉的状态，固定完成一些睡前程序，比如关掉电视、停止对复杂问题的讨论，互道晚安等。

✓ 减少过度关注，调整家庭氛围

营造轻松、愉快的家庭氛围，避免对孩子睡眠问题的频繁询问、监视，减少过度关注，减少施压。

✓ 认识睡眠障碍，不要指责

家长应科学认识睡眠障碍，不要把孩子的睡眠问题看作单纯的行为习惯问题，症状背后还有情绪因素、生物学因素等多重原因，不要对孩子的症状加以指责。

✓ 慎用奖励或惩罚

睡眠是自然需求，不要把它变成一种奖励或惩罚，比如白天按时完成作业，就允许晚睡打游戏，或者如果几点之前没睡着，第二天就不许出去玩。这样做，容易让孩子将睡眠与负面情绪关联起来，或者把睡眠变成一种交换条件的工具。

✓ 关注警示信号，尽快就医

若家长发现孩子容易出现睡眠呼吸暂停、严重的日间嗜睡或夜间失眠、节律颠倒，以及孩子呈现出明显的睡前焦虑难以自我调整，或梦游时出现危险行为，应带孩子及时就医。很多情绪障碍和生理问题都存在睡眠相关症状，因此睡眠问题可能反映出孩子近期的情绪和健康状况，是家长察觉孩子状态异常的重要信号。

✓ 不贴标签，对康复合理期待

家长应了解睡眠障碍的诊断复杂，避免偶尔看到孩子睡不好就定义其为疾病而过度紧张。若家中有睡眠障碍的孩子正在接受治疗，应合理期待康复速度，允许孩子偶尔改善，偶尔睡得不太好，以医生的判断作为了解孩子好转情况的依据，关注长期改善趋势而非每日达标。

自己有睡眠障碍，应如何自我调适

✓ 刺激控制

睡眠障碍患者因长期被睡眠问题困扰，可能一到夜晚躺在床上，就感受到睡觉的压力，睡眠环境与消极情绪（如焦虑情绪、自责感、挫折感等）形成条件反射。因此，要重新将床与困意建立条件反射，缩短在床上进行影响睡眠的行为或与睡眠无关的活动。

只有困倦时才上床，躺下 20 分钟以上仍无睡意则起身离床，去做一些不会导致兴奋的无聊的事，直到有困意时再回到床上。离床后不建议使用电子产品，以免影响睡眠所需的褪黑素分泌；

不论工作日还是假期，都尽量保持固定的睡觉和起床时间，保持作息规律；

在身体允许的情况下，不在床上进行与睡眠无关的事，比如写作业、处理工作、玩游戏、吃饭等。

✓ 睡眠限制

减少躺在床上但没有睡着的时间，提升睡眠效率。

提高睡眠需求，如白天适当活动、做事以增加消耗，避免一直躺着；减少白天睡眠时间，若白天需要小睡，时间不要超过半小时。

✓ 调整认知

应认识到偶尔睡眠异常并不足以造成严重的健康危害，正常人也会出现失眠，不必对睡眠问题带来的后果过度担忧，加重睡眠压力。

避免过度引申，如由睡眠问题陷入自责，认为自己是一个自控力差的人或认为自己连睡觉都管理不好，未来一定没有希望。

不必要求自己每天必须睡够 8 小时，应看到个体差异，比如可以把目标改为"争取这周比上周平均每天多睡 30 分钟"。

合理期待，接受睡眠问题有时减轻有时加重的正常波动，不必要求每一天都必须比前一天好。

✓ 学习放松

尝试多做一些有利于身体和精神放松的活动，如深呼吸，听节奏缓慢的放松音乐，或在专业评估和指导下尝试正念呼吸放松练习。

✓ 养成良好的生活习惯

睡前 4～6 小时不要摄入咖啡因（如咖啡、茶、奶茶、巧克力等）或尼古丁（如抽烟）等容易引起兴奋的物质；

尽量戒酒，不要用酒催眠，酒精容易导致兴奋和更多的片段睡眠，增加夜间觉醒，降低睡眠质量；

睡前 3 小时之内不要剧烈运动，若要下午锻炼，最好在睡前 5～6 小时之前进行；

营造良好的睡眠环境，包括感到舒适的温度、湿度，以及安静、黑暗的环境；

适量规律进食，不要在睡前吃得过饱或因空腹感到饥饿；

适量饮水，不要在睡前大量饮水或饮用碳酸饮料；

不要在夜醒时马上开灯看表，增加刺激和心理压力。

✓ 减少对睡眠问题的焦虑

引起失眠的原因除了身体紧张不能放松，还有控制不住地过度联想给睡眠带来阻碍。此时，可以把睡前忍不住思考的待办事项和烦恼忧虑写下来，在白天的固定时间思考和解决，并告诉自己今日思考已经结束，重要的事可放在专门的时间处理。若无法自行调整睡眠状况应及时就医。

第五章

讨好者的困局

→ 第一节　难以应付的"室友情"

精心呵护的友情，受委屈的自己

今天，是大一学生刘家珍和治疗师安宁持续在心理治疗门诊见面的第 10 次。之前大部分时候，家珍的话题都和"宿舍室友"有关。此刻，她正在回忆着发病之前早已出现的那些让她崩溃的瞬间。

家珍语气颤抖地说："当时只觉得忍无可忍，特别害怕她们又要叫我参加宿舍的周末活动。

和她们出去活动，其实就是当牛做马。我要给她们安排行程，路上负责给大家买吃的、喝的，还要照顾到每个人的喜好。她们从不给我钱，每次就说谢谢，回头请我。但是没有人请过我。**她们有事都找我，但是并没把我当朋友，只是觉得我很顺从。**有一个人尤其让我伤心。我之前觉得她比宿舍其他人好一点，会关心我，还会给我带饭。有一次大家出去玩，她把身份证弄丢了去不了，想让我陪她去找。其他人都进去了，只有我陪她回到宿舍，最后终于找到身份证。但那时候已经很晚了，我们俩都没再去。后来有一次我也忘带证件，那个地方必须出示证件才能进去，于是她们就自己去玩了。我想叫她陪我，她假装听不见就跑了。"家珍继续回忆着。

安宁回应："你一定很失望。"

家珍说："现在已经不失望了。我很生气，感觉自己太好欺负了。她们都在利用我，没有人把我当朋友。她们需要用我时才说我是朋友，我就没法拒绝。"

安宁说："你不想让朋友失望，以至于没法儿向别人说不，这对那时的你而言是如此困难。**甚至宁愿摔伤自己来摆脱她们给你的压力，**这听起来像是被逼到了绝境，实在没有别的办法了。"

家珍说："我知道不会摔死，应该也不至于受重伤。我是看好了位置，在台阶快要下完时才摔的。我当时已经觉得忍无可忍了，但是一直没有想出拒绝她们的理由。那时候快期中考试了，我想好好复习，我知道她们叫我出去又是给她们当保姆。我实在不想去，太耽误我的复习时间。"

安宁回应："你尝试过拒绝她们的某些要求吗？"

家珍低头叹气，答道："我那次试着解释了不想去的原因，我告诉她们期中考试对我很重要。但她们不以为然，一个劲儿劝我去，还提醒我别忘了给大家订票。我害怕她们误以为是我不想订票，所以找理由故意不想去。我就想，要不我给她们把票订了，我再说不去。"

安宁问："订什么票啊？"

家珍说："那次订票是去演唱会。我确实要考试，加上那个歌手我不感兴趣，实在不想去。但是她们很狂热，老早就念叨着要去。"

安宁追问道："每次都是你给所有人订票吗？"

家珍说："不是每次，但我订过很多次。我零花钱还行，父母给得不少。我爸妈总说让我对朋友大方一点。我之前为了交朋友，主动请大家出去玩过。没想到后来她们习惯成自然，总想暗示我出钱。那次演唱会要付四个人的钱，还是挺多的，一张票200多块。我也不是没有这个钱，但我觉得被人占便宜很不爽。如果去要钱，又怕她们说我计较，不去要她们也不会主动还我。所以，我其实很不想买。"

在怕什么

安宁回应道："好像别人要你做什么你就得做什么，不做就必须找出一个别人能接受的理由。否则就心中难安，好像害怕什么。"

家珍回答："是的，我很容易担心别人不满意，我总是这样。"

安宁问："如果你直接告诉她们你不想去也不想买票，会怎么样呢？"

家珍说："我觉得很难说出口。"

安宁问："你担心的是什么？"

家珍支支吾吾，不知如何解释，勉强回复道："我也不知道，**我觉得我好像理应给别人一个解释，否则拒绝别人就很不好，容易被误解，引起麻烦。**"

安宁继续问："担心什么样的麻烦呢？"

家珍说："这个我也没仔细想。比如，可能会有争吵，或者她们会生我的气，孤立我？在背后和别人说我小气，斤斤计较？"

安宁回应道："好像在你心里有一种担忧，就是一旦别人不满意，你是很被动的，无法为自己做什么。好像你必然会站在劣势的一方，担心同学们都会和她们站在一起误解你？"

家珍想了想，觉得安宁所说的情况的确是自己害怕的，但现实也不一定真的会发生。她说："你这么具体地问我，我反而说不清怕什么了。我其实没有被同学孤立过，一般情况下和大家相处还可以，大家都说我这个人很好相处。我也从来不会做让别人不高兴的事。但是，**在想象中，我还是觉得被孤立很可怕，一旦别人脸色不好，我就很紧张**。"

安宁回应道："我听到你说，哪怕别人变个脸色也会让你很紧张，所以你不得不小心翼翼地让大家都满意。可这做起来实在很难，尤其是容易委屈自己。我想知道，如果别人的要求让你非常不舒服，你也会尽量去做吗？"

家珍说："是的吧，我总觉得我不舒服过一阵儿就好了，犯不着惹别人不高兴。"

在不断的追问中，安宁发现，家珍在人际关系方面一直小心谨慎，非常善于观察别人的需求，总是**受累于如何避免别人对她不满**。但是，家珍**对自己的感受却十分压抑**，认为自己的委屈不值一提，好像自己的任何需要都没有比让别人满意更重要。她有时也会觉得非常委屈、生气，但很快就会调整到看似无所谓的状态。对家珍来说，一旦别人不高兴就像有天大的事要发生，令她紧张不安，马上把自己的委屈和不满抛到脑后，焦虑得只剩下对自己的声讨。

→ 第二节　抽搐不一定是癫痫

单纯而温良的女孩，没有朋友

刘家珍的名字是父母和奶奶爷爷一起取的，寓意家中的珍宝。如今已经上大学的她出生在一个小城市，生活环境单纯。早年父母都是下岗工人，一度节衣缩食。后来，在妈妈的主张下，父母一起做建材生意赚了些钱，又在省城买了好几套房子，还开了分店，家境越发不错。

爸爸和妈妈一起跑生意，大事都由妈妈主导。家珍的妈妈为人热情、大方、善良，有钱以后经常帮助家里条件不好的亲戚。但她脾气急躁，在家总是说一不二，对家珍要求也很严格。妈妈要操心家里家外的各种事，压力很大，回到家总是脾气不好，时常对丈夫和女儿摆脸色，事后说一句"我也不是故意的"就过去了。家珍的爸爸性格温良，对谁都是好脾气，在外不爱得罪人，有三五个牌友偶尔聚聚，在家也不常发表意见，多数事情都是妈妈说了算。爸爸不太擅长安抚妈妈的情绪。妈妈不高兴时，爸爸时常会陷入沉默，只能独自看书、玩手机。

家珍的父母做生意不容易，经历过很多事，但他们一直把家珍保护得很好，从来不让家珍接触到社会复杂的一面。父母想，再难的局面只要他们承受了就好，只希望女儿简单快乐地成长。**家珍作为独生女，被爸妈养得单纯善良、不谙世事。**

据家珍说，上大学是她第一次离开家，第一次住宿舍过集体生活。去学校之前，父母再三叮嘱她与人为善，遇事不要和别人红脸，多帮助朋友。家珍觉得自己也是这样做的，她不明白为什么不但没有交到朋友，还被室友不断地剥削。

除了陪玩和经常请客，家珍还帮不止一个室友写过作业，为各种杂事跑腿，帮忙去图书馆占座位，去食堂给所有人打饭……一开始，大家也很高兴，主动带着家珍一起玩，可是慢慢地，家珍发现去哪玩，玩什么都是按照室友的意愿进行，没有人询问过她的喜好，还要她跑前跑后地张罗安排。家珍隐隐感觉受了欺负，可是室友们还称她是"朋友"，她们也没有红过脸吵过架。家珍怀疑自己的感觉，她也时常困惑是不是自己太敏感，想太多。

室友让家珍帮忙写作业时，家珍也试图表达她自己的事还没做完，可能帮不了。可是室友说一句"没关系，你有空再做"，家珍就不知怎样回应了。有一次，家珍完成自己的作业已经是黄昏，还要帮外出和男友约会的室友赶作业。她一方面心里很不舒服，另一方面很怕不能按时完成作业室友会怪她。就这样，她在自习室里一直忙到天黑，晚饭都没来得及吃，才在提交时间的最后一刻完成了任务。

家珍在夜幕下回到宿舍，心中很迷茫。她一方面疲惫、委屈，还有一些生气，另一方面又会在听完了室友的难处后感到自责，怀疑自己是不是不该推脱。那个时候，家珍已经开始出现时不时的手抖，她以为是太累导致，也没往心里去。

突如其来的怪病

再后来，室友对家珍的"需求"越来越多，家珍感到压力很大，甚至听到手机铃响或信息震动的声音就会心中一紧。有一次家珍有事回家，在返校的路上室友又打电话说想借点钱，家珍一下子感觉仿佛恍惚了，坐在车上全身就开始剧烈地发抖，过了很久才平静下来。与此同时，她也睡眠不安，越来越多地做噩梦，白天集中不了注意力，精力也恢复不过来。

真正让问题变得严重是在一次学生会活动的准备中。家珍和室友同在学生会宣传部，室友接下了一个大任务，过后却因为临时有重要的事忙不过来，央求家珍代劳。家珍当时已经陷入了持续且糟糕的睡眠问题。她想把这次的活动宣传做好，不让老师失望，本身就压力大，如果再加上室友的工作，根本忙不过来。

家珍再三考虑后，决定请室友吃饭，借此机会说明自己的困难，以求得室友理解。但是室友一下变了脸色，指责道："家珍，难道你请我吃饭就是为了这个？你不想帮忙可以直说啊！"家珍连忙解释，分辩说自己不是这样想的，确实最近压力大，身体也不太好。室友没好气地回应道："我又不是天天找你帮忙，我也告诉过你我确实有难处。你之前答应得好好的，现在说不行，让我找谁去呢？"

室友话音未落，只听扑通一声，家珍忽然在食堂里头晕倒地，浑身抽搐。

　　这可吓坏了室友。周围的同学也上前围观。他们呼叫家珍没有回应，有人说了句"是不是癫痫发作啊"，其他人也觉得像，都不敢上前。家珍感觉好像控制不住自己的身体，虽能听到大家说话，却不知如何回应。两个路过的老师见状，赶忙把家珍送到医院。

　　经过了一晚上输液，家珍的状态恢复不少，医院说没检查出什么大问题，也没有摔伤，嘱咐家珍好好休养，别过度劳累。休养几天后，家珍回到学校。第二天，学生会的学长问候她的情况，她以为是询问工作，刚解释了几句又发抖起来，接着整个人开始大喘气，手脚似乎又要失去控制。学长也被吓了一跳。家珍的情况很快在学生会传开了。**家珍觉得很丢脸，很怕被人问候，因为她实在不知如何解释，也不想被看作病人。**

　　辅导员联系家珍妈妈告知情况，爸妈不了解具体情况，只是听说家珍在学生会压力太大，于是劝她别那么拼，最好赶紧辞掉宣传部的工作。家珍原本很喜欢做宣传，做了很多准备才通过学生会的面试。她没法接受爸妈的提议。妈妈说："你要分清什么事情更重要，你现在的主要任务还是学习，像学生会这些消耗精力的事情以后都别参加了。"家珍觉得受到了指责却无从解释，认为家人不理解自己，在宿舍里再次晕倒。

　　打这以后，家珍被暂时接回家里休养。爸爸妈妈陆续带她去了很多医院，没有检查出癫痫，也没有其他的器质性病变。**医生怀疑，这有可能是心理原因所致的分离（转换）性障碍，建议到精神科进行进一步检查。**

【知识点】

什么是分离（转换）性障碍？

根据《沈渔邨精神病学》中的解释，"分离性障碍（Dissociative Disorders, DD），原名歇斯底里症（hysteria），又称癔症"。在美国精神医学学会的《精神障碍诊断与统计手册》将分离障碍和转换障碍分开描述之前，"很多躯体形式障碍和分离障碍的症状都被归为癔症。Pierre Janet 关于癔症的理论认为，创伤事件、重大疾病和疲劳导致个体的整合功能减退，使得'构成人格的思维和功能系统'产生分离"。

随后，该理论进一步得到发展，Breuer 和 Freud 指出"分离过程是遭受创伤的个体用以应对痛苦感受的防御机制，这些情感随后变形、转换成躯体症状，使其可以在避免创伤经历意识化的情况下进行表达"。

我们现在所说的转换障碍，原本就是指"癔症的躯体表现"，因"癔症"一词含义过于广泛且容易被污名化，因此被改称为"解离—转换障碍"。其临床症状变化多样，"常见的运动症状有肢体无力或瘫痪、舞蹈样运动、震颤、步态异常或怪异姿势，甚至可以有癔症性木僵；感觉症状包括麻木、感觉减退或感觉缺失、失明、失聪、失去味觉嗅觉……有时呈发作性，类似癫痫大发作的抽搐及意识模糊，晕厥、咽部异物感、构音障碍或失音、复视"。①

在世界卫生组织发布的《ICD-10精神与行为障碍分类》中也提到，假定分离性障碍在起源上多为心因性的，"与创伤性事件、不可解决和难以忍受的问题及紊乱的关系在时间上有密切联系。因而，一般有可能对个体应付难以忍受问题的方式作出解释与假设"。同时，"转换"一词"意味着个人无法解决的问题和冲突所引起的不愉快情感，以某种方式变形为症状"。

关于分离（转换）性障碍有一些必要的诊断标准，如"不存在可以解释躯体症状的躯体障碍的证据"以及"有心理致病因素，表现在时间上与应激事件、问题或紊乱的关系有明确的联系（即使患者否认这一点）"。②

在《美国精神医学学会精神障碍诊断与统计手册（第五版）》中，分离障碍和转换障碍被分开描述。分离性障碍的主要特征被描述为"意识、记忆、身份、情感、感知、躯体表现、运动控制和行为的正常整合的破坏和／或

① 陆林.沈渔邨精神病学［M］.第6版.北京：人民卫生出版社，2018：514，540-541.

② 世界卫生组织.ICD-10精神与行为障碍分类［M］.范肖冬，等译.第1版.北京：人民卫生出版社，1993：122-128.

中断"。①

　　该手册同时指出，转换障碍常存在一种或多种不同类型的症状，其中"运动症状包括：无力或麻痹；异常运动，例如震颤或肌张力障碍的运动；步态异常；以及异常的肢体姿势。感觉症状包括改变、减弱或失去皮肤触觉、视觉或听觉。异常的广泛性肢体颤抖发作，伴有明显的意识损害或丧失的发作，可能类似于癫痫性惊厥（也称心因性惊厥或非癫痫性惊厥）。可能有无应答发作，类似晕厥或昏迷。其他症状包括声音容量减小或无声（发声困难／失声）、清晰度改变（构音困难）、骨鲠在喉的感觉（球状感），以及复视"。②

心理原因引发的躯体反应

　　这个病对家珍一家来说是一个非常陌生的概念，于是他们抱着困惑的心态来到精神科，挂上了张医生的号。

　　经过一番检查和问诊，张医生告诉他们，这种病虽然存在

　　① 美国精神医学学会．精神障碍诊断与统计手册［M］．第5版．北京：北京大学出版社，2016：283.
　　② 美国精神医学学会．精神障碍诊断与统计手册［M］．第5版．北京：北京大学出版社，2016：310-311.

倒地抽搐的症状，且与癫痫发作极为相似，却与癫痫有本质的区别，可以解释为心因性惊厥（即由心理因素引起的，非癫痫性的惊厥）或分离性抽搐。**分离性抽搐也是指一种假性抽搐，在运动方面与癫痫的抽搐十分相似，但癫痫患者有咬舌、严重摔伤、小便失禁等表现。这些表现在分离性抽搐中则很罕见。**

家珍一家听完张医生的解释仍然有些似懂非懂，对于"分离（转换）性障碍"的诊断，他们都感到陌生和不可思议。他们无法相信，心理原因也会导致这么严重的躯体反应，但最终还是接受了这个诊断。

张医生进一步解释："简单来说，就是患者可能遭遇了一些刺激性事件或者巨大的压力，从而出现的一种情绪和躯体反应。一般先有情绪，再出现躯体症状；情绪转换成躯体症状后，患者对情绪的痛苦感受就会变弱，躯体的异常表现会更显著。但实际上情绪或心理因素还是起到了巨大的作用。"

此后，家里人对家珍讲话都十分小心，生怕一个不注意就导致她发病。爸爸妈妈觉得家珍像是变了一个人，以前那个乖顺的家珍变得十分脆弱敏感，让人不敢靠近。

在张医生的建议下，家珍一方面接受精神科药物治疗，另一方面来到安宁的诊室接受心理治疗。

→ 第三节 "解离"的多视角评估

防御机制

由于家珍的症状复杂，安宁认为有必要向医生了解更多关于家珍的精神科诊断信息。在获取了家珍的知情同意后，安宁与医生及专业团队进行了一次针对家珍个案的团体督导。在接受督导的过程中，医生和治疗师们从不同角度再次评估了家珍的情况。

医生们讨论认为，从精神科诊断的角度来说，家珍最初晕倒抽搐的症状确实符合"分离（转换）性障碍"的特点。这类症状，有时被称为"解离"。

同时，也有心理治疗师指出，从精神分析心理治疗的视角来看，**"解离"一词也被认为是一种初级的心理防御机制**。一个健康的成人往往掌握了很多成熟的防御机制来帮助自己应对困局，适应环境，但是她的状态显然有些不符合年龄的"幼稚"，惯用原始、初级防御的人，很多时候看起来都是不太成熟的。她的世界好像很简单，单纯到让人着急，完全没有办法准确识别他人行为背后的想法和意图，也很容易受暗示。好像只要别人稍微引导一下，她就会放弃自己原来的观点。

【知识点】

什么是初级心理防御机制？

　　了解来访者的常用心理防御机制，是有精神分析背景的心理治疗师或有心理治疗背景的精神科医生评估来访者人格特征的重要依据。来访者的防御机制往往不是唯一的，治疗师或精神科医生需要把握来访者最主要、最常用的防御机制或防御机制组合是什么。防御机制的使用往往可以帮助人们降低焦虑以及对痛苦的感知，是人们潜意识中习惯性用来适应外界环境的方式，比如压抑自己不能被满足的感受，或者认为吃不到的葡萄是酸的。因此，防御机制本身并不都是"消极"的——健康的防御机制可以对个体发挥保护性的作用，比如避免焦虑或保护自尊。但是，过度或不恰当地使用不良的防御机制可能会让个体呈现出一些"病理性"的症状及反应。

　　心理防御机制大体上被分为初级防御和次级防御，或分为原始的防御和成熟的防御。"原始性防御以混沌的、边界不清的形式存在于个体的感觉、认知、情绪和行为之中，而成熟的防御则能够调节思维、情感、感觉、行为，及互相间的特定转化。"① 但是这种分类并不是泾渭分明或十分绝对的，仍要根据来访者具体呈现出的特点综合判断。

如此防御，从何而来

"那么，大家如何理解这种防御机制在她身上形成的原因呢？"一位医生问。

安宁脑海中快速刷过之前数次会谈的场景和内容，试图从纷繁复杂的信息中提取出一些可能的相关解释。她想，**防御机制的形成受一个人先天气质的影响，也离不开她从小到大在成长过程中获得的经验，**比如出现不同反应时被对待的方式。安宁这才发现，先前心理治疗的大部分内容都关注在家珍的现实人际关系和症状层面，而对于家珍的成长经历和家庭情况只有少量提及。

安宁向大家坦言了这一点，并补充道："她说过父母从小对她保护得很好，似乎也是比较严格的，但是她从来没有在治疗中主动表达过不满，也没有主动提及父母做什么让她难受。似乎在家珍的表述中，她有一个不错的家庭，父母很爱她，家里经济条件也不错。我记得，有一次我问她，生病以后父母的反应如何，

---

① 南希·麦克威廉斯. 精神分析诊断：理解人格结构 [M]. 鲁小华，郑诚，等译. 第 1 版. 北京：中国轻工业出版社，2015：107，355.

她脱口而出说害怕让父母担心，对此感到内疚。我再去追问时，她说父母对她很关心。自她生病后，妈妈几乎每天出去上班，都要打一个电话回家询问家珍的状况。爸爸则每天刷屏式地在家庭群里发给她各种各样的'鸡汤文章'，劝她积极一点儿。对此，她应该是有压力的，但她并没有向我充分地表达这种压力。"

这时，另一位同时具有精神科和心理治疗双重受训背景的医生说道："分离（转换）性障碍属于传统'神经症性障碍'的范畴，而神经症性的症状很多时候应该是与心理冲突和防御机制有关的，症状的发作往往有某种解决现实问题的功能。这些确实很符合她的情况。而且，她在晕倒抽搐一段时间后能够自行缓解。这样的表现太具有分离（转换）性障碍的特点了！不过我倒是有个问题，治疗师会怎么评估她的人格特点？"

一位一直认真聆听却没有发言的治疗师举手道："我想先说一下我的观点。评估人格特点，这真的是太重要了。如果从精神分析理论的角度来看，她的情况更容易让我联想到癔症型人格和解离性人格的特点。**我记得癔症型人格也叫表演型人格。这并不是说来访者装病、诈病或完全在表演，而是她的情感表达及情绪反应比一般人更加强烈且非常敏感。**他们想象力比较丰富，且经常喜欢用想象力创造自己对这个世界的认识，有时候可能不太客观。这类人也是比较容易退行和呈现出幼稚行为的。不过，我觉得以她现在呈现出来的信息，似乎能找到更多符合解离性人格特点的证据。比如，**解离性人格有一个很大的特点是当事人经常成功地'自我催眠'。**在他们感受到威胁或者焦虑的时候，他们就把自己转入另外一种意识状态里去①，比如进入晕倒状态，或者变得不能控制自己的身体。"

安宁回应道："这对我来说是个挺重要的信息。我对她人格特点的评估更多还是倾向于解离性人格的，毕竟这类人群在情绪压力较大时，容易使用解离的防御机制。而前面提到的癔症型人格，我只能说，她的表现似乎具有一些癔症色彩，比如在人前倒地而不是独自一人时倒地，但这还无法构成她最主要的症状特点。"

医生和治疗师们的讨论越来越激烈，当很多安宁之前想过的问题再一次被讨论时，大家又会发现很多细节需要重新咀嚼，很多信息还需要补充收集。

又有一位医生举手道："大家觉得，她有没有边缘型人格的特点呢？具有边缘型人格特点的人，也常常使用非常原始的防御机制，而且她有很多讨好行为，又有通过伤害自己让别人难受的被动攻击行为。这不也非常具有关系控制的边缘型特点吗？"

刚才第一个提出人格评估问题的双背景医生接话道："凡是属于神经症性问题的人，大概率还是指那些存在内心冲突和情绪困扰，但社会功能受损不严重的人。甚至有的人能表现出很好的社会功能，在事业上取得很大的成就。我想，评估人格结构，不只是将来访者简单地归类为具有某一类人格特点的人，还要去评估其究竟属于神经症性、边缘型还是精神病性人群。比如，其实

---

① 南希·麦克威廉斯. 精神分析诊断：理解人格结构［M］. 鲁小华，郑诚，等译. 第 1 版. 北京：中国轻工业出版社，2015：107，355.

仔细说来，神经症性或精神病性人群都可能会有解离的表现！而且，**一个人是否使用过原始、初级的防御并不足够说明问题，还要看她在大部分时间，整体上是否缺乏成熟的防御机制。**如果她几乎很少使用成熟的防御机制，大部分时候都在用一些原始、初级的防御，那肯定更容易被认为是属于边缘型或者精神病性人群吧。"

一位旁听的实习治疗师正听得起劲，好奇地插话道："那怎么区分边缘型和精神病性人群呢？"

另一位医生回应道："这个区分，主要还是看这个人有没有一定的自知力吧。边缘型的人会担心自己的一些奇怪表现对别人造成影响，或者至少承认自己的某些行为是病态的、奇怪的；但精神病性人群则很难有这样的自知力，更别提换位思考他人的感受——他们会因为适应不了人群而感到痛苦，但不知道怎样去改变，缺乏客观的自我认知。"

安宁也补充道："对，也可以说，**精神病性人群可能比较缺乏观察性自我。**"

这次关于家珍案例的讨论进行了很长的时间，后来大家又针对一些细节问题陆续进行过多次探讨。可以说，家珍的复杂特点成功吸引了医生和治疗师们大量的注意力，而随着讨论的深入，安宁也发现还有繁多、细致的专业问题需要在治疗过程中反复思考、谨慎确认。

【知识点】

什么是观察性自我?

观察性自我是指一个人可以从一个相对客观的第三视角，去观察自己在各种体验中发生了什么。一个人不仅要能够充分地体验生活中的喜怒哀乐，拥有鲜活且深刻的情绪体验，还要能够从第三视角观察自己的这些体验，提炼出自己在体验中产生了哪些情绪、认知和行为过程。简单来说，就是能够观察自己的体验。

→ 第四节　治疗的进展

读懂自己，表达自我

在最初的心理治疗中，安宁首先采取**支持性心理治疗**的思路

【知识点】

什么是支持性心理治疗？

支持性心理治疗是临床中非常常用的治疗形式。它所用到的很多技术仍然源自精神分析视角，但是其治疗目标更聚焦于维持或重建患者先前所能达到的最好的功能水平，比如恢复其学习、工作、生活的正常功能。这种形式的治疗短则几天，长则几年，均可达到一定程度的治疗效果，更容易在患者身上看到一些快速或意外的改变。[①]

[①]［美］Stephen M. Sonnenberg，Robert J. Ursano. 心理动力学心理治疗简明指南［M］. 曹晓鸥，译 . 第 3 版 . 北京：中国轻工业出版社，2024：197–198.

与家珍工作。

在进行心理治疗的很长一段时间里，安宁一直在帮助家珍觉察其情绪变化和症状发作的规律。**家珍逐渐发现，她一直以来对自己真实需求和情感的过度压抑，是造成当前疾病的重要原因之一。**

对于接下来的治疗，安宁想，除了帮助家珍明白症状与情绪的关系，还需要让家珍逐渐加深对自己情绪来源的理解，并能够**学会恰当地表达自己的感受。**这样，家珍也会对自己的情绪更有掌控感，更有信心用语言为自己发声，而非用躯体症状表达痛苦。

既怕病不好，又怕病好了

在最近一次颇有进展的心理治疗会谈中，家珍第一次向安宁袒露，她好像觉察到自己的倒地抽搐中有一点点"有意"的色彩。虽然身体和动作的失控感是真实存在的，并非表演，但她也发现，自己每次抽搐都是在人前，独处时从未发作。特别是在处理应付不了的人际关系或出现不满情绪需要压抑时，这种症状的发作尤其频繁。

安宁试图在家珍可接受的范围内挑战一下她的想法，于是说："你有没有发现，这个病对你而言好像成了一个保护伞。当你面对别人的要求无法拒绝时，一旦症状发作，真的就没人敢再要求你了。病虽痛苦，却能替你解决问题。"

她们不是第一次谈到这个话题，家珍此时已经从最初的懵懂变得对自己有所觉察。家珍点点头，表示自己已经发觉到了这一点。

家珍说："我最近觉得，确实像你说的那样，我在感觉到不安全，担心有人要责怪我，或者让我做我不想做的事情时，我就会开始全身不适，紧张发抖，身体很快就会失去控制。不过，我这段时间很少晕倒抽搐了。可能是你教我试着和他人沟通，我正在尝试，有时候是有用的。至少，我现在可以和家里人比较放松地表达我的真实想法，他们也比以前更愿意和我商量，尊重我的感受。"

安宁认真聆听，鼓励家珍具体说说。

家珍继续说："只是有时候，我爸妈说了我不爱听的话，我会突然好几分钟不能动弹，要么就是胳膊或小腿痛痒难忍，走不了路，拿不住东西，胸口也感觉极其憋闷，导致我使劲地大喘气，但是没有倒下……只要我这些反应一出现，他们马上就什么都不敢说了。说实话，我既怕病不好，又怕病得不够重，有时连续几天情绪比较平稳，没有发作，我就有点不安，生怕爸妈说我怎么一下就好了，是不是装病！"

安宁回应道："你好担心被误解，就连生病该不该好都要考虑别人的想法，真的好辛苦。"

家珍点头。

安宁说："你很需要确认，无论你如何表现，爸爸妈妈一定不会说你装病，你要确认他们信任你。这对你很重要。如果有可能，你也好希望他们真正理解你在这种病中体会到的矛盾与痛苦。"

安宁说到这里，家珍很认真地望向安宁的眼睛，真诚地说道："我觉得你能明白我的感受。我一直怕你们不相信，我是真的很难受、很痛苦，所以我一直在说我的痛苦。但有一点我之前没说过，是因为害怕被误解。现在，我也想向你承认。我是想说，当别人被我的症状吓到时，我感觉还挺轻松的，好像面对这个人的压力一下子就没有了。发作起来，既不用担心如何跟他人解释我的情况，也不用担心别人会生气。你说得对，我好像很需要这样一个症状成为我的保护伞、挡箭牌，帮我屏蔽困难的问题……我是想说，我的难受是真的，我没有欺骗你们，但是有时又觉得这个病发作起来很好用。我也有些说不清楚。"

勇气

安宁也十分认真地凝视着家珍，一边轻微点头一边仔细感受着家珍说话时的情绪，鼓励家珍充分表达。安宁知道家珍是在很真诚、很努力地描述自己的感受。

安宁回应道："你的这番表达让我刮目相看，这需要很大的勇气，当然也需要我们之间的信任。对于你说的感受，我当然相信你。现在，我更加了解你的需求和担忧了。"

家珍不好意思地笑了笑，回应道："**认识这么久，无论我说什么，你从来没有攻击或者伤害过我，我觉得我可以相信你。**"

尽管在关于家珍的很多问题上还存在讨论和争议，一些心理学视角的理解也暂时较难得出确定的答案，但经过多次专业讨论和督导，安宁在对家珍的工作方向上还是更加明确了。随着家珍对自身病情的认识越来越深入，家珍和安宁都对其未来治疗的进展更有信心。这也提示安宁，需要根据家珍的情况，进一步调整治疗的阶段性规划。

从目前来说，心理治疗的方向正逐渐从"帮助家珍认识症状"向"提高她对症状的掌控感"发展。接下来，安宁还需要收集更多关于家珍成长过程中与父母互动方式的细节资料，从而进一步理解其防御机制和人格特点是如何形成的，以及在其生命中发挥着怎样的作用。同时，安宁还需要反复地帮助家珍强化她已经学到的人际交往技能，帮助家珍用更成熟的方式替代"晕倒式表达"。

按照安宁对治疗的预期，在未来的某个时候，家珍可以达到更加充分的自我理解和自我接纳，对自己需求满足的方式及人际交往模式形成的特点有更进一步的认识，并拥有改变的勇气和自信。

交流进入深水区

但是，后续的治疗并没有安宁想象中的那么顺利。每当提到与父母的相处或感受，家珍似乎总是有意无意地回避将当前问题和原生家庭联系起来。有时候，家珍会提到一些小时候感觉委屈的瞬间，或情绪难以表达的时刻，但是每当此时，她都要赶紧补上一句"他们不是故意的，我知道爸妈真的很爱我"，要么就是说"我没有责怪他们的意思，我爸妈已经做得很好了。"

安宁反馈道："家珍，我非常相信在你心里，你的父母一定很爱很爱你，你也很爱他们。同时我也感到好奇，每当你表达出一点点委屈和不太满意的感受时，你都会立刻补上一句'我没有责怪他们'或者'他们不是故意让我伤心'。这是因为你担心我误解吗？"

家珍承认，并说道："我提到了小时候和父母相处不愉快的事，但我并不怪他们。我怕你误以为我在抱怨。而且我爸妈真的赚钱养我很辛苦，很不容易。他们已经对我足够好了，我不想让你误会他们。"

安宁向家珍表达理解，并回应道："当你这么和我说的时候，你是什么感受呢？"

家珍微微愣了一下，表情看上去有些不解。安宁也沉默了几秒，她小心观察家珍的反应，避免表达得太突兀让家珍无法承受。安宁看到家珍的状态并没有变得不稳定，便继续说道："其实，这段时间我好像一直有种感受，我觉得你似乎不太允许自己表达对父母的任何负面感受。即使只有一点点，你也要为此做些解释，似乎这样才能安心。"

家珍没有反驳，也没有同意，她沉默了。

安宁继续说："**我能感受到爸爸妈妈和你之间很深的情感，同时也觉得你提及的那些委屈并不意味着是在否定他们的爱。**"

家珍问了一句："真的吗？"然后又继续沉默下来，头越来越低，好像在回避与安宁的眼神交汇。

安宁也不再向家珍表达更多。她们一起沉默着，只有墙上挂钟的秒针一刻不停地向前跑，有规律地发出"嗒、嗒"的声音。

大约十秒钟过去了，这在她们的心理治疗中不是一个短暂的沉默。家珍仍不说话，安宁想，是时候由治疗师来打破沉默了。

有经验的心理治疗师应该恰当地评估来访者出现沉默的原

因，如果是领悟性的沉默，治疗师可以放慢脚步，给予来访者足够的时间，同样沉默地陪伴来访者去加深这种领悟，并与来访者探讨领悟的内容。如果治疗师判断来访者沉默的原因是尴尬、生气、不解、不信任或有难言之隐，治疗师应主动打破沉默，并对来访者表达尊重和理解，尝试引导来访者在安全的感受中继续表达。

安宁问："家珍，刚才你一直没有说话。愿意告诉我，你在想什么吗？"

家珍抬起头，脸上好像划过一丝不满，但又压抑住了。她似

【知识点】

在心理治疗中出现沉默，是坏事吗？

在心理治疗中出现沉默有以下几种常见情况：

1. 来访者进行完一部分表达后，忽然觉得想不出还要说什么，并陷入尴尬；

2. 来访者对治疗师的某些表达感到意外、不解或生气，拒绝继续沟通或需要通过沉默表达愤怒；

3. 来访者有难言之隐或对心理治疗师不信任；

4. 来访者在治疗中忽然获得领悟，需要用心回味、感受和消化刚才谈话的内容，并思考由此引发的新问题。

乎努力梳理着自己的情绪，回应道："我觉得你的判断可能是对的，但我很不想讨论这一点。所以，我不知道说什么。"

安宁认真聆听着，没有具体回应，只是用真诚但轻微地点头继续鼓励家珍表达。

这时，家珍忽然流下了眼泪，继续说道："**我真的很怕对不起我父母！**"家珍越哭越凶，哭得像个孩子。安宁并不试图去诠释这些眼泪。此刻，她不想让家珍感受到任何评价，她只想让家珍感到安全，并且能够尽情地表达。

此时，她们的心理治疗已经进行到 20 多次。在接下来的几次会谈中，家珍终于向安宁展露了内心深处对于原生家庭的另一番感受。治疗师和来访者之间的距离也在进一步拉近。

→ 第五节 爱与不满可以同在

不被期待的孩子

据家珍祖露，在她出生之前，妈妈还怀过一个儿子，但是在月份很大时流产了。因为这件事，妈妈休养了很长时间才怀上她，而生她时妈妈又遇上难产。再后来，妈妈的身体就一直不好，医生说妈妈不适合再怀孕了。

在家珍很小的时候，曾经听到爸爸妈妈在另一个房间谈起之前没出生的儿子。妈妈哭了，爸爸也在叹气。小小的家珍隔着门缝看着这一切，心里很难过，觉得自己不是爸妈期待的孩子。她也感到内疚和担心。**她总是在想，是不是自己的原因才让妈妈不能继续生个弟弟；如果她表现不好，爸爸妈妈是不是会很失望。**因此，家珍一直努力地迎合爸妈的要求，察言观色，为了能获得爸爸妈妈表扬的事特别卖力地去做，爸爸妈妈不喜欢的事她想都不想就会放弃。她的心中仿佛没有独立的自己，只有一个属于爸爸妈妈的女儿。

然而，家珍的父母并不知道女儿的心事，只是看到家珍从小就很懂事；他们感到很省心，也很认可女儿的懂事。父母认为，只要他们提出要求，女儿都会很配合，所以她肯定还能做得更好，对她的要求就更加严格，比如学习成绩必须保持在班级前五，凡事必须听父母的话，不能太过于自作主张，不能"任性"……这些家珍都做到了，父母也很满意，常在亲戚的面前表扬她这一点。当家珍考第一名时，爸爸妈妈就会在家里做一顿丰盛的大餐，表扬并鼓励家珍保持优秀。有时候，家珍听着大家的表扬，心中却没有喜悦，觉得自己就是一个木偶人。

察言观色，三省吾身

家珍说，**她很爱妈妈，但也很怕她**。从小到大，只要妈妈朝她瞪一下眼，她就紧张得在心里打个哆嗦。妈妈要求她有眼色，当妈妈做饭时，她要马上去打下手；如果没去，就很担心妈妈不高兴。她还记得有一次，她和妈妈一起出门。当时妈妈提了一个小包没拉拉链，她马上帮妈妈拉上——虽然妈妈并没有明确地说要她做这些，但她总觉得如果自己没有做到就是没眼色、不懂事的表现。

安宁回应道："你好像总是很紧张，像一个安装在家里的小摄像头，大人走到哪里，你的注意力就在哪里，随时准备着表现乖巧，生怕没做到位。"

家珍点头，承认道："我确实有点紧张，很怕妈妈用那种'恶狠狠'的眼光看我。她也不总那样，我表现好的时候她的态度也很好。其实，我比较委屈，或者说比较伤心的是，我小时候每次在学校里被老师批评了，或者和同学闹矛盾了，回家告诉妈妈，她都说'为什么人家说你不说别人，你应该反省一下自己的问题'。妈妈很关心我的生活，也关心我的学习，换着样给我做好吃的，但从来没有在我委屈时安慰过我。她总是让我退让，让我反省，我也不知道是不是和别人处不好关系，真的全是我的错。"

讨好的尽头是迷失

安宁了解到这一切后，发现那个小女孩时期的家珍是如此的发光和优秀，也如此令人心疼。安宁可以想象，在爸爸妈妈当着亲戚面表扬家珍的时候，在他们做大餐庆祝家珍考第一名的时候，以及在他们要求家珍必须保持优秀，不"任性"才是好孩子的时候，还有他们要求家珍受了委屈先反省自己的时候，家珍对爸妈的情感或许是非常冲突的。爸爸妈妈确实对她呵护有加，给了她生活上无微不至的照护，但却没能给予她情绪上的理解和关爱，不允许她释放天性，严格要求她的一言一行。

这真是一种让人既感动又愤怒的关系啊！安宁心中感叹。

家珍说："你知道吗？我没有过叛逆期。我从小学到中学、大学，直到现在都很听话，从不惹事。如果和别人闹矛盾我会退让，息事宁人，因为我害怕爸妈担心或者生气。我没有和我父母大声说过一句话，也绝不会忤逆他们的想法。不过，我也习惯了认为他们是世界上最爱我的人，我愿意看他们高兴的样子。"

安宁理解家珍感受层面的矛盾，以及她做出的选择。她需要用无限的讨好来为自己建立一个安全的世界。从表面上看，家珍的每一个讨好行为都在为她的安全感添砖加瓦，但实际上，她越这样做，就越找不到真实的自己——她作为一个人的自发性完全被抑制了。或许，**真实的她是极度不安的——如果没有爸妈的认可，她就无法确认自己的价值。**

家珍带着有些无力的神情向安宁求助说："我一直都不喜欢我自己，我觉得我上大学以后更糟糕了。因为我应对不了那些人，适应能力也不强……以前，我觉得我只是比较单纯，别人也会这样说我，但是后来发现，我其实是没有办法保护自己……我很自卑，被别人表扬的时候，我经常觉得那不是我；但是如果有人不喜欢我，我就会很在意，特别紧张，也不知道在紧张什么……其实我从小到大都挺嫌弃自己的，该怎么办呢？我觉得好累好累啊……"

安宁安抚道："**从小到大一直嫌弃自己，还要努力让周围人喜欢自己，那真的是好累好累。**"

家珍又哭了。

理解与成长

安宁说："家珍，我想邀请你来做一个尝试。如果时光可以倒流，我们可以一起回到你的小时候，回到你隔着门缝看到爸妈为没出生的哥哥伤心的时刻。那一刻，你也很伤心。你想对当时的自己说点什么？"

家珍摇头，说不出口。

安宁鼓励道："那个时候，你一个人躲在门缝看着爸爸妈妈，但是没有人看到你的难受。现在，我们一起去陪陪当时的你，她就不再是一个人了。这个时候，你想对她说什么？你会像现在责怪自己这样责怪她吗？"

家珍又摇了摇头，坚定地回答："不会，我不会怪她。其实我想告诉她，**哥哥的事完全不是她的错，这些事原本就与她无关**。"家珍泪流满面，百感交集。这是她第一次允许自己表达委屈，第一次以这样的方式安抚自己，她好像感到一丝从未有过的轻松。

在后来的治疗中，家珍逐渐和安宁谈到了自己对父母的复杂感受，既有渴望被爱被认可的部分，又有被"圈养"的困扰。她渴望像一个符合自己实际年龄的成年人那样，拥有自主选择的权利和自我保护的能力，更自如、自洽地与他人相处。在自我理解的过程中，她也理解了自己在生病状态下的**退行**表现。

就这样，家珍在安宁的陪伴下慢慢"成长"。张医生和治疗

【知识点】

什么是退行？

退行是一种相对简单的防御机制，比如躯体化（用躯体的行为或疾病等方式来替代言语功能表达愿望和情感），就类似一种退行的防御，就好像一个人退回到比自己实际年龄更小的状态去表达情绪和需求。

疑病和躯体化防御与退行性防御是不同的。疑病者经过医学检查证明不存在真实的器质性疾病，但本人却难以相信；躯体化或退行性防御的人，则有可能确实存在心理因素所导致的躯体症状。①

师安宁，也从不同角度见证着家珍从一个"小女孩"真正走向成熟。

安宁相信，虽然家珍父母的教育方式给了她矛盾的感受，但是如果原生家庭中美好的部分可以成为家珍的力量，那也是一份很重要的支持。所以，安宁一直也在认可家珍从家里获得的支持，并帮助她感受和确信父母的爱。

同时，她也鼓励家珍把注意力匀出一些放在自己现阶段的生活学习和发展上，而不是一直把自己看作爸爸妈妈身边的小女孩。

家珍接受了这一点，并在后来的一次会谈中高兴地对安宁讲："我以前从来不敢讲对爸妈的不满，现在发现，**我爱他们和我的不满是不冲突的。我也相信，他们虽然做过一些事让我伤心，一些教育我的方法不够得当，但他们始终对我视如珍宝，就像我的名字一样。我好像可以接受这一切同时存在了。**"

安宁为家珍的喜悦感到高兴，她告诉家珍："**你永远都是父母的女儿。但同时，你更是你自己。**"

① 南希·麦克威廉斯.精神分析诊断：理解人格结构［M］.鲁小华，郑诚，等译.第1版.北京：中国轻工业出版社，2015：135-136.

→ 本章锦囊：父母应如何面对青少年的退行表现？

✓ 理解退行性防御

　　美国心理学家杰瑞姆·布莱克曼在其著作《心灵的面具：101种心理防御（第二版）》中，将自我退行的防御机制解释为一个人原有的自我功能不再发挥作用，转而用一些非常早期的防御，比如像孩童一样对事实视而不见，凭空否认；又如将自己的想法投射在别人身上，认为那是别人的想法；分裂地看待问题，觉得人或事完全好或完全坏。当一个人用躯体动作而非语言来表达情绪，这种状态更像是比儿童更早的婴儿状态。这些防御机制往往在潜意识中发挥作用，用来让当事人避免感到面对现实的巨大压力和焦虑。使用防御机制是人用来适应环境、避免焦虑的常见方式，相对早期、幼稚的防御机制在成熟的个体身上也会出现，但成熟的人大部分时候使用的是比较具有适应性的、成熟的防御机制。而心理不成熟的人更容易在大部分时候使用不具适应性的、带有症状的、早期或幼稚的防御机制。

✓ 认识父母的责任

首先，父母需要意识到，家庭环境作为孩子成长的土壤，对孩子的健康发展有不可推卸的责任。从孩子出生起，就在和父母的互动中获得安全感和社会经验，逐渐发展出不同类型的防御机制。结合医院的评估，如果父母发现成年子女出现病理性的退行，比如用非常孩童甚至婴儿的方式表达情绪，动辄大喊大叫或躯体异常，父母首先要对孩子当前的痛苦和困难有充分的理解。

父母需要思考的是，为什么孩子会形成压抑的个性特点，不能独立面对人际关系中的困难，不能用语言表达自己的需求和情绪。这些可能与孩子早期的成长环境，以及孩子与父母的互动方式有很大的关系。

但是，这一观点并不是将孩子生病的事全都归咎于父母。之所以强调父母角色在孩子治疗中的作用，是因为父母往往比生病的孩子相对具有更好的自身情绪调节功能，并更有能力率先做出改变，进而改变家庭关系中不良的互动模式，帮助孩子建立新的情绪体验，学习新的应对方法。

✓ 父母可以如何做

首先，父母要对孩子当前的情况有充分的理解，并敞开心扉向孩子表达这份理解。同时，父母可以鼓励孩子放心大胆地说出自己的需要和感受，在一家人意见不同时进行充分的讨论、沟通，彼此尊重，帮孩子建立新的人际经验。另外，父母也要反思在之前的家庭关系中哪些部分出了问题，必要时可以寻求家庭心理治疗的帮助。

需要注意的是，父母还应把握爱与规则的界限，不要因孩子生病而变得毫无底线，甚至不假思索地满足孩子的一切要求。当孩子生病，并开始接受精神科或心理治疗时，很多父母都会反思自身并对自己过去不够好的养育行为感到后悔、自责，对待孩子开始变得小心翼翼，从严格要求一下子变成无条件地顺从孩子。一方面，这种过度的纵容会让孩子感到不真实；另一方面，这样也容易让孩子陷入症状中更难好转。

对此，父母需要给孩子充分的情感满足，允许家庭成员对彼此表达不满，还可以鼓励家庭成员表达不同意见并进行平等探讨。避免从一个极端走向另一个极端。

如果生病的孩子已经超过18岁，父母需要意识到，虽然孩子生病需要照顾，但他也需要开始被当作一个成年人对待。很多时候，在精神心理类疾病的影响下，孩子容易出现退行，也就是我们通常所说的，这个孩子的言行看起来比实际年龄幼稚，依赖性更强或不能为自己负责，需要爸爸妈妈像对待小孩子一样对其进行无微不至的照顾等。这些退行的表现是可以理解的，也可以给予适当的满足，但如果一味地甚至过度地溺爱，或者没有边界地干预和控制孩子的生活，把一个成人完全当作婴儿对待，不尊重孩子的独立性，并不利于孩子病情的好转。

✓ 父母也需要自我照顾

实际上，在一个家庭中有孩子生病，父母的压力非常大，以至于他们很难保持一个平和、积极、放松的心态面对孩子的疾病。父母悲观的心理状态和焦虑的情绪，很多时候都能敏锐地被孩子感知，并让孩子感受到更大的压力和内疚感，症状也可能因此加重。这就形成了恶性循环。因此，孩子生病后，父母除了关注孩子的精神健康，还应关注自己的情绪状态与精神健康。如果有必要，父母也应及时寻求专业支持或治疗，与孩子共同成长。

"讨好者"如何帮助自己走出困局？

✓ 自我理解

"讨好者"的困境往往由于其自我价值和安全感过度来源于他人评价，这可能源于早年与重要养育者相处的过程中形成了讨好的行为模式，因此在成人后的人际关系中，也容易把他人投射成"不讨好就会攻击/抛弃/指责……我"的人。讨好者也可能存在反向形成的防御机制，即看上去无比温和以至于无法表达任何真实的愤怒。

✓ 认知检验

挑战"如果我不讨好，就会被攻击/抛弃/指责……""如果我表达真实的感受，就会导致关系破裂"等想法，看看是否有例外情况发生，是否所有人都如"我"想象一般。

✓ 学习温和而坚定地表达自己

先在安全的场景下，尝试拒绝或表达真实感受。对象选择可以是相对信任的人，也可以是和自己生活圈子较远的人，如售货员在进行了一番讲解后希望你购买他的产品，你是否可以尝试礼貌地拒绝："谢谢你的介绍，但听完后我觉得这还是不够符合我现在的需求。"然后再尝试一些有挑战的场景，如拒绝同学/同事的无理要求，可以说："我理解你现在很累了，但是很抱歉，因为我现在有其他重要的事情去做，所以没法去帮你拿快递。"

✓ 不必立刻回应

当你面对他人的请求，一下子想不出如何拒绝时，可以尝试暂缓回复，比如："我现在有点急事，一会儿回复你可以吗？"以此给自己时间进行思考，或寻求信任的人帮助后再做决定。

✓ 自我觉察

对自己的感受有更敏锐的觉察，评估自己的情绪状态或身体状态是否已经难以负荷对他人的讨好，及时把自我照顾放在更重要的位置。

✓ 从依赖外部认可转向巩固内在力量

提升自尊、自信是巩固内在力量的必经过程，可以通过心理咨询／治疗，在专业帮助下促进自我理解，发现自己的内在资源和潜在防御，并在咨访关系中形成新的关系体验，逐渐巩固内在力量。

第六章

奇怪的躯体疼痛

→ 第一节　痛苦难忍却查无此病

委屈的大男孩

赵天择，男，18 岁，高中在读，成绩优异，上高三后因反复发作的咽痛、咽部异物感等躯体不适感不能坚持上学。他目前已休学半年，被父亲带来张医生的精神科门诊就诊。

天择父亲说："这半年，我一直带着他到处看病，把我们老家那里能看的大医院都看了，医生都说没啥问题，只有一个大夫说可能有点慢性咽炎，但也不严重。可是我儿子他一直疼得厉害，吃饭、说话、睡觉都说疼，我看也不像是轻度的慢性咽炎。后来，也是一个医生朋友让我们来看看精神科，不知道他这个嗓子疼是不是一些想法上的问题……"

天择打断父亲，有些激动地抱怨道："我真的很疼，疼死了！**这肯定不是我想象出来的，你们怎么就不明白呢？**"

父亲也有些着急，向天择解释道："我们知道你很疼，我们不是不明白呀！这半年一直带着你到处检查，这不就是检查不出来，所以在想办法吗？"

张医生看天择情绪很激动，请父亲暂停表达，转而邀请天择自己说说情况。

天择有些抗拒，他沉默不语。

张医生说："我也有过连续好多天嗓子疼的时候，那感觉真是太难受了。这半年你肯定是受了不少罪。"

豆大的泪珠滑到天择硬朗的下颌处，倔强地挂在他那没有刮净的胡楂上，在中午的阳光里闪着光。

张医生递上纸巾，安抚道："**你明明很疼还怕我们不理解，觉得很委屈，是吗？**"

这下，天择哭得像孩子一样，一边手抹着眼泪，一边用撒娇似的语气跟爸爸说："爸，我真的很难受，我不是装的……"

张医生表示理解，天择父亲也在一旁连声说道："是，是，我们也理解，没人说你是装的。咱们就是要好好治疗，爸爸妈妈无论如何都要把你治好。"

让人操心的好孩子

接着，天择爸爸继续向张医生介绍病情。他说："大夫，我们看他这样真的是很心疼。无论是我还是他妈，绝对愿意为了孩子想尽一切办法。花多少钱、看多少医院都没关系！您不知道，他刚休学那会儿，会在半夜里疼到哭醒，根本睡不好觉。我和他妈也睡不着。他妈晚上也哭，说心疼孩子……"话说到一半，天择爸爸也哽咽了。

他停顿片刻，自己拿起纸巾背过身去，稍作平静后又转回身，继续说道："不好意思，让您见笑了，我现在有点容易激动。

后来，嗯，那个，他就是说要在家休息，不上学了。我们开始是有一点担心，因为他学习成绩非常好，**一直考年级前几名，还是班长**。但是既然孩子说确实学不下去了，太难受，我们二话没说就帮他找老师谈，办了休学。老师也理解，我们都没有给他压力。刚休学那几天，我感觉他稍微好一点儿了，不是天天疼，有时候不太疼还能自己看书，看视频学习，自我管理特别好，特别努力。我们孩子这点真是特别好。但是过了大概两三周，他就说开始觉得胃里泛酸水，偶尔还会吐，一泛酸水嗓子就火辣辣得难受，比以前还疼。我们又去医院看了，医生还是说没啥问题。他不相信，自己成天在网上查这个病，给我们说可能是胃的问题。然后我们就赶紧带他去做检查，胃镜、肠镜都做了，也拍了很多片子，检查结果还是没有任何问题。那时候，我们真是不知道该怎么办了……"

天择的爸爸说起话来略显啰唆，但对孩子症状的变化描述得也算清晰。可以看出他很焦虑，而且确实是一位十分关心孩子的父亲。

天择爸爸继续说道："后来，我和他妈都觉得，既然检查不出来，要不然就不要一直看了。我们带他出去旅游，想让他散散心，转移一下注意力，好好休息休息，看看能不能好转。旅游那几天好像他喊疼是少了一点，但是一回来又变成老样子。唉！我这个孩子心思重，自己有主意，他从小就经常让我们带着跑医院，哪里不舒服自己都特别重视。他小时候是在奶奶家长大的，我和他妈在县城上班比较忙，他说不舒服，我们就会请假带他去医院。我和他妈稍微有点不舒服，他也是不停地打电话，一定要我们去医院，不像别的小孩傻乎乎的，根本不知道操心。**我儿子是特别让人操心的那种孩子……**"

张医生插空打断道："他小时候一直不在你们身边吗？"

天择爸爸回答："嗯，是，不过他上初中时我们就给接过来了。大夫，我好像扯远了。总之，旅游回来后，他感觉病还没好也挺着急，就跟我们说'爸爸妈妈，既然西医治不好，你们带我去看中医'吧。两周前我们刚看的中医，现在还吃着药，效果还不明显。不过人家那位中医大夫也说了一句，让我们来看看精神科，感觉他情绪太焦虑了。他一开始不愿意，是劝了半天才来的。真是要拜托您了。"

大男孩的懂事与绝望

张医生看天择爸爸停顿下来，转向天择问道："爸爸说的情况，你有什么要补充吗？"

天择回答："也没什么，确实是我爸说的那样。其实我在网上找了很多关于嗓子疼的信息。我把我了解到的有可能的病都去医院排查了一遍，但是检查结果都不符合我的情况。我挺害怕的，不知道是不是得了什么稀有的怪病，治不好了。我爸妈很辛苦，到处陪我看病，花了很多钱。我现在学也上不了，感觉要是好不起来，特别对不起我爸妈！有时候晚上一个人待着，想到这些我就觉得不想活了，很绝望！**我感觉自己就是父母的负担。**"

天择爸爸补充道："他和我们说过这种话。真的，我们希望孩子不要这样想，我们不可能把他当成负担！我经常和他说，我们既然生了他，照顾好他就是我们的使命，我和他妈一点都不怪他！"

尽管天择爸爸一再保证，但他还是很难过，坚持认为自己是父母的负担。

张医生问天择："你绝望的时候，做过什么伤害自己的事情吗？或者有过具体的计划？"

天择否认："我没做过什么。特别难受的时候想过吞药或者跳楼一死了之，但是根本不敢。这半年我真的常常绝望，可我不想伤害我爸妈。而且，我也挺怕死的，还怕我爸妈死。如果是我爸妈生病，我会比现在更紧张。**在我心里，爸妈的健康第一重要，第二重要的才是我……**"

说到这里，天择的爸爸似乎既心疼又难过，一手搂住天择的脖子，另一只手轻轻抚摸了一下天择的头，又拍了拍他的后背，安抚道："爸爸妈妈身体好着呢，我们只希望你能好起来……"

张医生观察着眼前的一切。赵天择，一个刚刚成年的18岁大小伙儿，个头儿比他爸爸还高出许多，面孔白净，高大帅气。天择的爸爸看上去比较焦虑，说起话来虽不像一个利落果断的人，但多了几分温柔与深情。此刻，**他的状态好像一个没有成年的小朋友在向爸爸撒娇，父子俩都抹着眼泪抱在一起**。这样的场景，很少能在一个18岁大男孩和父亲同框的画面中看到。

→ 第二节　确诊躯体症状障碍

寻找答案

根据初步信息，张医生认为，天择的情况可能属于**躯体症状障碍**，但也要排除疾病焦虑障碍、转换障碍或妄想障碍。

【知识点】

躯体症状障碍的诊断标准

A. 1个或多个躯体症状，使个体感到痛苦或导致其日常生活受到显著破坏。

B. 与躯体症状相关的过度的想法、感觉或行为，或与健康相关的过度担心，表现为下列至少1项：

1. 与个体症状严重性不相称的和持续的想法；

2. 有关健康或症状的持续高水平的焦虑；

3. 投入过多的时间和精力到这些症状或健康的担心上。

C.虽然任何一个躯体症状可能不会持续存在，但有症状的状态是持续存在的（通常超过 6 个月）。[①]

根据诊断标准，张医生考虑，如果天择确实有慢性咽炎，其疼痛的感受已经远远超过了大多数慢性咽炎的反应，而且影响到他正常的生活和上学。他对咽痛的担心程度和持续的焦虑也和慢性咽炎的问题不太相称。这些都很符合躯体症状障碍的诊断标准。

同时，天择还会为此四处求医，到处查资料，无法相信医院的检查结果，迫切希望找到病因。这样的行为在疾病焦虑障碍患者身上也很常见。张医生需要对此进行鉴别。

【知识点】

躯体症状障碍与疾病焦虑障碍的鉴别

根据美国精神医学学会《精神障碍诊断与统计手册（第五版）》疾病焦虑障碍和躯体症状障碍的相似之处在于：患者都对自身健康有明显且过度的焦虑、担心，并且

---

① 美国精神医学学会.精神障碍诊断与统计手册［M］.第 5 版.北京：北京大学出版社，2016：302—303.

反复就医，难以相信没有严重疾病的检查结果，且这种情况持续至少 6 个月。不同之处在于：疾病焦虑障碍患者反复就医、做检查，是为了确定自己有没有某种未被查出的严重疾病，患者对自己可能患有某种严重疾病存在强烈的先占观念（即在大脑中占主导地位的观念）。他们往往并没有表现出明显且严重的躯体疼痛及相关症状，就算有症状，也是比较轻微的症状。躯体症状障碍的患者存在一个或多个明显的躯体症状并因此感到痛苦，他们反复就医是为了找到症状出现的原因并且通过治疗消除躯体症状，减轻痛苦。

张医生向天择确认道："你爸爸说，你们已经去过很多医院很多科室做过检查，都没查出什么问题。你对这个结果怎么看？"

天择答道："我不知道，我就是想要一个明确的结果，为什么我会感觉这么疼。这肯定是有什么问题的，我想找到这个根源在哪。我现在太难受了，每天什么也做不了。"

张医生问："你是想找到疼痛的原因，减轻这种痛苦吗？"

天择答："当然。"

张医生问："你前面说过，有时候会担心自己得了什么怪病。你自己怀疑过是哪些怪病？"

天择说："我是在网上查了不少资料，但是也不明确。我不知道。我只是觉得这事太奇怪了，没有病怎么会这么疼，所以会不会是有什么医学界没有发现的怪病……我只能这样猜，也没有其他更好的解释。"

张医生继续追问："你确信自己得了某种医学界没有发现的怪病吗？还是说，这只是你对疼痛原因的一些猜测？"

天择回答："我不确定，这些都是我的猜测，我当然需要知道这究竟是因为什么。医生说我没事，我还能怎么办呢？所以我挺绝望。感觉要是找不到原因，就会一直痛苦下去……我的人生没有希望了。"

张医生考虑到天择有明显的症状和痛苦感受，且他的就医行为更多的还是为了减轻疼痛，对"得了某种怪病"也不存在十分坚定的想法，因此排除了疾病焦虑障碍的诊断。那么，天择存在**转换障碍**或者**妄想障碍**的可能吗？张医生还需要和天择继续确认。

【知识点】

躯体症状障碍与转换障碍、妄想障碍如何鉴别？

在第五章中，我们提到过分离（转换）性障碍，它和躯体症状障碍都存在一些没有器质性损害的躯体不适症状。其区别在于，转换障碍更多表现为身体某部分正常功能的失灵、失控，且患者本人对医院的检查结果没有强烈的怀疑。而躯体症状障碍的特点更凸显为躯体疼痛的症状，患者会针对症状四处就医，难以相信自己"没病"，并强烈地希望治疗能够减轻症状。

妄想障碍患者可能存在对疾病的怪异想法和感受，更加脱离实际，更加离奇。比如觉得头疼，是脑袋里有一个实际存在的磁铁和外界发生作用。而躯体症状障碍患者的想法则没有这么离奇，其症状很多时候与情绪、认知及潜在的心理冲突有关。

心的问题，身体知道

经过排查，张医生最终诊断天择为躯体症状障碍。天择和父亲都是第一次听说这个疾病，感到有些不可思议。

张医生对诊断依据做出了解释，并建议天择开始进行心理治疗。

张医生对天择父子说："**躯体症状障碍很多时候和人潜在的心理冲突有关系**。你们之前所做的检查排除了器质性疾病，这是很有必要的，因此我们也倾向于情绪等心理因素对他的影响。除了药物治疗，天择现在还需要重新建立对目前症状表现的认知。如果能进一步了解他有哪些心理冲突，以及这些心理冲突的来源和变化过程，我们就能更进一步理解他的症状，并且帮助他找到好转的办法。这些事，都需要在心理治疗中完成。"

　　尽管天择父子对这样的解释还有一些半信半疑，但他们都愿意为治病做任何尝试，所以爽快地同意了张医生的建议。天择现在的心态是，只要能有一线希望，都愿意尽快尝试，并积极配合。同时，他对治疗效果也抱有很高的期望。

→ 第三节 疼痛亦是心痛

爸爸能不能旁听

"你好，请进。"

听到治疗师的邀请，天择父子一起进入了治疗室。

治疗师安宁望向他们：一位年轻男性身材高大、身形健硕、皮肤白皙、神情稚嫩；另一位中年男性站在旁边，神色焦虑，斑白的两鬓即使间隔一两米，也看得十分清楚。

安宁想，这位年轻人应该就是赵天择，旁边的中年男人像是他的父亲。

天择爸爸主动介绍起来："您好，这是我儿子赵天择，我是他爸爸。他半年前开始嗓子疼，疼得上不了学，睡不着觉，但是做了各种检查都没有太大问题。上一周咱们这儿的医生给他诊断了躯体症状障碍……"

天择的爸爸一口气把之前对张医生讲的病史又对治疗师讲了一遍。安宁看他说得差不多了，回应道："好的，天择爸爸，谢谢你的介绍，这些情况我了解了。在我们开始正式的心理治疗会谈之前，我还需要先和你们确认几个问题。**心理治疗门诊和精神**

科门诊是有不同侧重点的，我要确认的这些问题也非常重要。"

天择爸爸答应道："好的，好的，您说。"

天择刚满 18 岁，但是安宁考虑，天择虽已成年，却还是一个高中生，他实际上还不太能够完全对自己负责。于是，安宁决定向天择父子一起介绍心理治疗的知情同意，包括治疗设置、保密原则、保密例外、心理治疗如何进行等情况。

安宁特别提到："天择已经 18 岁了，其实是可以自己签署知情同意书的，但是因为他还在上高中，并没有完全独立，因此也请爸爸一起了解知情同意的内容并征求你们的意见。不过后续我们要进行的是个体治疗，还是需要天择一个人参与。在征求天择同意的前提下，我会在每隔一段时间的治疗结束后留出几分钟，向爸爸反馈近期治疗的大致情况。当然，如果天择认为有些隐私不想透露，且不涉及任何伤害性的风险，我也会为他保密。"

对此，天择没有说话。爸爸主动表示理解并同意，但又若有所思地问道："我还是想问问，我如果就在旁边不说话，只是听听，不打扰你们，这样可以吗？"

安宁解释道："谢谢理解，但是个体咨询不可以旁听。毕竟，小孩子也是有隐私的，何况他已经 18 岁了。父母如果在旁边听他进行心理治疗，这很可能影响他的表达，也会影响我们治疗的正常进行，显然不太合适。"

在确认父子对心理治疗的规则都没有更多异议后，安宁请天择爸爸暂离治疗室并在指定的等候区等待。此刻，天择与治疗师安宁的心理治疗会谈才正式开始。

爸爸妈妈和弟弟

安宁主动发问："天择你好，刚才你爸爸介绍了很多详细情况，你一直没有说话。你有什么需要补充的吗？"

天择回答道："哦，我觉得我爸说得很清楚。其实他在这里我也不介意的。我和我父母关系很好，没有什么秘密。"

安宁带着疑问的语气向他确认："你和父母之间没有秘密？"

天择点头。

安宁继续提问："你之前每次看病，都是爸爸陪你吗？"

天择肯定地回答："是啊，一直都是我爸陪我。他比较了解我的情况，也能跟医生说清楚。"

安宁问道："你挺愿意由爸爸帮你陈述病情，是吗？"

天择回答："你问我当然也可以，不过大部分时候都是我爸说，我觉得没问题。**我一直以来吃药换药都是我爸记录的。他有个本子专门记录我的用药过程，从最开始吃过的药到现在，他是最清楚的。**中药、西药，什么时候吃，每次吃多少量，他也知道。这些要是你问我，我肯定记不下来。其实，如果我爸在，我会比较放心。"

安宁听到天择这样说，有些意外：一方面没有想到天择的爸爸如此细心、谨慎；另一方面天择也不像其他青少年那样强调独立，甚至和父母对立，他似乎挺需要也挺认可爸爸这种细心照料。

安宁继续提问："那你妈妈呢？爸爸和妈妈谁平时照顾你多一些？"

天择回答："我爸我妈都挺多吧。其实，他们原来也没有这么照顾我，他们多数时候都是关心我的学习。不过，我成绩特别好，所以他们对我学习也很放心，只有在考试退步时会问一下，其他就没什么事情可关心了。这一年我生病以后，他们才变成现在这样，嗯，就是开始事无巨细地关心我。"

安宁问："你是独生子吗？"

天择回答；"不是，我还有个弟弟，他才刚过三岁生日。"

"弟弟三岁，也就是三年前出生的？那时候你上高中了吗？"安宁继续问。

天择答道："我妈具体什么时候怀孕的我也不知道。我家在县城，我上高中要去市里住校，当时对爸妈挺不舍的。嗯，你不知道，我和我爸妈在一起生活总共不超过三年。**我小学是跟着爷爷奶奶在村里上的学**。我爸妈都在县城工作，直到我上初一时，他们才把我接到县城里一起住。我在家住了三年。因为我成绩好，考上了市里的重点中学，我爸妈都很高兴，就决定送我去市里上高中了，但需要住校。让我很意外的是，我住校大概刚一个月，他们就告诉我说我妈已经怀孕三个月了，准备再生一个弟弟或者妹妹。"

从独自生病开始

安宁追问："明白了。你的躯体症状是从什么时候开始的？"

天择回答："就从高三开始，高三基本没上，休学到现在。"

安宁继续追问："高三前有类似的症状吗？或者其他地方莫

名其妙地不舒服？"

天择想了想，说："也有吧，其实从我去这个高中就开始不舒服了。我当时高一刚住校没多久，不知什么原因重感冒，那次嗓子特别疼，**像是放了一个刀片在里面，就连喝水都疼**。我晚上发烧到 39 度，是同学连夜把我送到校医院输液。从那之后，我就时不时地咳嗽，总觉得嗓子里有异物，咳又咳不出来。我挺担心的，每次有一点不舒服的迹象，我都会立即吃药，预防感冒发烧。我很害怕再像那次一样疼。但我爸妈当时不太担心，他们觉得我是水土不服，让我多喝水，不舒服及时找老师，加上我妈怀着弟弟，可能也不方便坐长途车，他们就没来看我。"

安宁回应："第一次离家这么远，又发烧到 39 度，爸妈不在身边，你……"

安宁还没说完，天择就接话道："我很害怕，我当时特别害怕，因为小时候就听我奶奶讲，村子里有个小孩发烧没救过来，烧死了。"天择的语气有些激动。

安宁问："你很害怕。你当时是怎么做的呢？你告诉爸妈你很害怕了吗？"

天择答道："我发烧的时候很难受，顾不上告诉他们，我是好点之后才跟他们说的。不过班主任一知道这事就跟我爸妈说了，他们应该也挺担心我的，但是没办法过来，所以就拜托老师多照顾我。他们后来跟我解释过：**我爸说他当时特别忙，我妈又怀着孕，才没法儿来看我的**。我能理解，但当时我挺生气。他们让我坚强一点儿，懂事一点儿，不要这么小心眼儿。我当时一下子就很愧疚，觉得不该胡乱怪他们，是我太不懂事了。毕竟我知道他们是关心我的，我不该让他们着急。"

安宁快速整合着天择提供的这些信息，许多关键词充斥在安宁脑海中，比如"关系很好没有秘密""和爸妈一起生活不到三年""离家一个月父母准备生弟弟""发烧很害怕""挺生气""不要小心眼"……

安宁可以感受到，天择对父母的感情远比他讲出来的更复杂。安宁心中有很多疑问，究竟是"发烧会死人"令他害怕，还是潜藏的"被爸妈抛弃"的恐惧更让他害怕？他对当年的事情究竟是理解、愧疚还是愤怒？天择和爸爸妈妈是"没有秘密的亲密关系"，还是从始至终他的情绪都不能得到父母理解？

无论如何，当安宁尝试设身处地地站在天择当时的位置上去体验时，那种感觉是很不舒服的，似乎被什么东西压抑着，难以轻松地表达。

→ 第四节　男孩的心结

"被需要"是如此重要

顺着天择和弟弟的关系，安宁还想询问更多。

天择的表述非常简单："我很爱我弟弟，我会尽我所能对他好的。我爸妈给我的零花钱我也会花在他身上。我给他买了很多玩具。有时候我爸妈会说不让我买这么多，省下钱来让自己吃好一点，买多了他都玩不过来。"

安宁问："买了这么多玩具给弟弟，要花掉你多少生活费呢？"

天择答道："不是只买玩具，还有一些买给家里的生活用品、食物，加起来可能得花掉一半。我爸妈给的钱不算多，也不算太少，反正刚刚够。我成绩好，每年都有奖学金。我想着，我给弟弟买了玩具，爸妈就不用再买了，也能帮他们省钱。"

安宁又问："爸妈怎么看待你这样做？"

天择回答："他们就是……可能跟亲戚说我特别懂事、省心，也会说让我攒钱别乱花，或者让我买给自己就行了，把自己管好，别老惦记他们。"

安宁继续问："爸妈这样说，你有什么感觉？"

天择轻微叹了口气，回应道："其实我不喜欢他们这样说，**我最不想听到父母说让我管好自己，别管他们。**"

安宁再次确认天择的意思，问道："我能不能理解为，或许，你更希望他们表现出需要你的照顾？"

天择点头。

安宁又重复了一遍："比起各管各的，被家人需要对你来说非常重要，对吗？"

天择露出不太确定的表情，回答道："嗯，可能吧，我以前没想过。应该是这样吧，**我希望他们需要我，我也很需要他们。**我觉得一家人应该互相照顾、互相需要。这没什么不对的吧？"

天择用希望得到确认的眼神望向安宁。

安宁点头回应道："一家人互相照顾，互相需要，当然没有什么不对。"

天择想了想，又补充说："**我总觉得我父母会照顾不好自己。**"

安宁询问道："能具体说说吗？"

被无视的委屈

天择解释："可能是因为弟弟太小了。我不在的这三年，他们总是把精力都放在弟弟身上，根本不管自己的身体。比如有一次我爸不在家，我妈自己发着烧还不去医院，因为她说要照顾弟弟。我让他把弟弟放到亲戚那一会儿，去完医院再接他回来，她也不听，说是我弟弟不愿意去亲戚家。我那次和她生气了。我当时是打电话跟她说的，还没说完就听到弟弟在电话那边不知为什么哭，还使劲喊她。我妈急得连'再见'也没跟我说就把电话挂掉了。晚上我问她怎么样了，她说没事，但我明明听见她还在咳嗽……我也不知道为什么，那一次我就是特别生她的气，我好几天都没有再和她联系。直到后来她主动和我道歉，说她以后生了病一定及时去医院，我一下子就哭了。我也不知道怎么回事，情绪就像洪水一样控制不住，我感觉特别委屈。我妈没想到我这么关心她，她也哭了。"

安宁尝试着体会天择当时的感受，回应道："**妈妈为了弟弟不去看病好像让你特别着急，甚至觉得生气、委屈**。"

天择点头。

安宁继续道："妈妈宁愿生着病不去看，也不愿把弟弟暂时放在亲戚家，和你聊着天又被弟弟的哭喊叫走，好像你不仅觉得她无视自己的身体健康，也觉得她在无视你的建议。"

天择仍然点头，表示同意。

安宁看天择没有否认，决定进行一些更大胆的诠释："**被无视是一种很委屈，很令人生气的感觉吧？**"

天择仍然没有否认，他沉思了一会儿，回答道："可能确实存在被无视的感觉。我当时不知道为什么就是特别生气，特别委屈，气了好几天。我也一度觉得自己是不是反应太大了……"天择话没说完，突然沉默起来，表情变得有些严肃。

安宁望着天择，在沉默中等待了一会儿。

天择继续说道："我忽然想起来，**小时候我一直住在爷爷奶奶家里，爸妈每次来看我，要走的时候我都很伤心，我也会哭**

闹。他们都说让我懂事一点儿，要理解爸爸妈妈的难处。所以，我也觉得弟弟应该懂事一点儿，去亲戚家待一会儿，让妈妈去医院。我觉得我的建议是理所当然的，他们却说要照顾弟弟，让我懂事一点儿，让我理解妈妈的难处。"

安宁觉得，他们的谈话距离天择的内心矛盾又近了一些。她询问道："能详细说说你的感受吗？"

令人百感交集的"关注"

天择回应："就是委屈，生气，可能……还感到一些不公平。他们对我和对弟弟的要求，好像不太一样。我很羡慕弟弟，他从出生就有爸爸妈妈陪着，而我大部分时候都没有。我有时候一个人躺在高中宿舍的床上，看我爸妈在家庭群里发他们一家三口其乐融融的照片……对，就是觉得他们一家三口其乐融融，而我好像一个外人。"

安宁重复着天择的最后一句，试着将话题的意义更推进一步："好像一个外人？你对家人的感觉似乎很复杂。**你既在意他们，又觉得和他们有距离**。你前面说，你高一时生病了爸爸妈妈都没来看你，这件事你挺在意的……"

天择很快回答道："是啊，但他们却能排除万难一直陪着弟弟。"

安宁回应："这让你百感交集。"

天择同意。

安宁表示疑问："你也说过，你们很亲密，甚至没有秘密。这个部分我应该如何理解呢？"

　　天择解释："这是现在的情况。之前我觉得他们的关注点都在自己的工作和我的学习上。对了，还有就是我小时候生病了打电话给他们，他们会请假回来看我，或者带我去医院。其他也就没什么了。我上高中以后，他们的关注点就一直在弟弟身上，毕竟弟弟比较小需要照顾嘛，我挺理解的。**但是生病这一年，好像我成为家里最受关注的人，有时候我也会挺愧疚的。**"

　　安宁希望天择将"生病后受关注"这件事具体说说。天择举例道："比如，在我难受的时候我妈会放下手上所有的事情先安慰我，不会再要求我懂事一点儿，我觉得心里很温暖。我爸减少了很多外出的工作，带着我去了好多个医院，把我的病情仔细记录在本子上，生怕和医生说的时候有遗漏……可能也是弟弟又大了一岁的缘故，他们现在也会告诉弟弟要听话，别惹我心烦什么的。我特别难受的时候，真的什么都做不了，只能一直呻吟。弟弟看到了也会来安慰我，要把他的零食给我吃。我有一次都感动哭了。"

　　安宁回应道："听起来每件事都很有画面感。这些细节一定都令你感到特别温暖。"

　　天择说："是啊，我有时候也会想，**生病是一件痛苦的事，也是一件幸福的事。如果能一直这样幸福地和他们在一起多好啊！**"

　　安宁问："你害怕失去这些吗？"

　　天择承认，他强调道："是非常害怕吧。我怕等我好了，他们又会说我们各管各的，毕竟现在这样是因为我确实病了。"

→ 第五节　带着症状前行

"冲突"的面目逐渐清晰

经过一段时间的心理治疗会谈，安宁和天择一起慢慢梳理了他和原生家庭之间的复杂感受。逐渐地，天择可以面对自己的一部分内心冲突了。比如，他一方面害怕被父母忽视，另一方面又觉得自己的需求是"不懂事"，导致愤怒、委屈无法表达，**依恋**的

【知识点】

什么是心理学中的依恋？

依恋最初是指婴儿和照顾者（母亲）之间的特殊情感联结及关系模式。这种模式会影响一个人直至成年，并在其亲密关系中再次表现出来。

早在 1967 年，英国心理学家约翰·鲍比就提出了依恋理论。[1]

---

[1]　John B. Attachment and loss Vol I, attachment 1982. Basic books.

　　该理论认为，一个人表现出不适应的人际模式，和早年重要养育者之间的互动有关。婴儿如果感受到被重要养育者忽视或不稳定地对待，就会形成不安全的依恋关系。随着婴儿发展，这种互动模式被婴儿内化为自己的一种内部工作模型，影响其后来的人际关系模式。

　　EFT（情绪取向婚姻家庭治疗）理论认为，人们在亲密的关系中遇到问题、冲突，往往和内心深处未被满足的依恋需求有关，比如希望从对方身上获得安全感，希望被需要、被重视，希望得到对方无条件的支持和接纳等。

　　天择的父母虽然对孩子表现出很多的爱和重视，但在孩子生病之前可能是比较忽视的。目前可以看到的是，天择的父亲比较焦虑，而天择母亲及其他重要的早期养育者在养育孩子的过程中有着怎样的情绪状态，是否能对孩子的需求给予及时、恰当的回应，是否能用稳定、积极的情绪回应孩子的需求，都有可能影响天择形成安全的依恋关系。而天择现在主动提到的希望和家人相互需要、相互照顾，也可以理解为反映了其一部分未被满足的依恋需求。治疗师可以帮助天择及父母感受和理解这一点。

需要无法满足等内心冲突。

但是，为什么是现在生病？如果天择一上高中就休学，他不是可以立刻回到家庭的怀抱吗？现在这个时间点，有什么特别的意义呢？这些都是安宁心中的疑问。她想要邀请天择一起，继续对此一探究竟。

在怕什么

在后来的治疗中，天择提到，中考前曾感觉压力很大，有过一次严重的头痛，但是随着考试结束就好了，大家都没有往心里去。由于天择学习成绩一直很好，父母对天择的成绩是有明确期待的。然而随着高三的到来，天择的压力越来越大，他很担心自己没法像中考时一样幸运。**越是担心身体不适对学习造成影响，越是迫切地想要保持健康，天择也就越焦虑，症状也越来越严重。**

天择告诉安宁："你知道吗？我考到这所高中，全家人都特别高兴，而且以我当时的名次，冲一下顶尖学府也是有可能的。我爸妈平时比较节俭，但那次专门请了全家人吃饭，为我祝贺。后来，每次过年过节，亲戚们都会表扬我，说我爸妈有福气。我记得高二那年过年时，有一次，有个亲戚说得有些夸张，说我是'天选之子，必成大器'。这让我感到压力特别大，感觉他说得太夸张了。我很不好意思，但是我爸我妈当时都高兴极了。那个时候，我已经有一些轻微的症状，但是**我害怕让他们扫兴，一直想要靠自己的意志力克服这些问题，但又做不到……**"

　　安宁回应："看起来家人的期望带给你很大的压力，但是你害怕让他们失望，所以只能自己承担。"

　　天择说："是这样。我当时其实状态一点儿都不好。那段时间我经常做梦，梦到我高考交了白卷。梦里我爸妈特别生气，说只能指望我弟弟了，让我去工地找活儿干，别在家待着，然后就都不理我了。不过，你别误会啊，我父母肯定不会这样的，我醒来后就知道梦是假的。这真是太可笑了。我觉得不应该这样想他们，这只是一个梦。只不过，我也觉得奇怪，梦里的感觉很真实、很害怕，我到现在还一直记得梦里的感觉，令人紧张。"

　　安宁看到天择在搓手，反馈道："说到这些，你好像一直在搓手。你现在有啥感觉？"

　　天择有点尴尬地笑了笑，停止搓手，回应道："就是有点儿紧张，但还好。"

　　考虑到疾病可能存在缓解学业压力的功能，安宁问道："不过，现在爸妈似乎不太看重你的成绩了，他们全部的想法都是要帮你治好病。这让你感觉怎么样？"

　　天择诚实地答道："现在除了身体难受，其他一切都很好。我之前告诉过你，现在好像什么时候父母都把我放在第一位，我有点儿不自在，也有点儿幸福的感觉。他们经常安慰我，学习不重要，身体养好就行。我现在压力小多了，担心也少多了。但是，还是有压力。因为我父母真的对我非常好，我不想变成一个废人，拖累他们。"

另一番图景，向往吗

安宁问道："嗯，我看到这个病让你很受折磨。如果想象一下，有什么奇迹，一夜之间病好了，你觉得会是什么样的心情？"

天择说："当然会觉得很高兴、很轻松。"

安宁试图做一些引导，她追问道："还会有其他的感受吗？比如，如果病好了你的生活会是怎样的？你觉得会以什么样的心情面对接下来的生活？"

天择想了想，表情一瞬间从喜悦变成了严肃。他回答道："可能还会有压力吧，就像高三之前一样。就算身体完全健康了，我也落下不少课程，不知道还能不能赶得上，距离高考没有多少时间了。我还是担心会让大家失望。"

安宁问："嗯，比如，你最担心让谁失望？"

天择说："还是我爸妈吧，然后是家里的亲朋好友。但主要还是爸妈。大家如果问起来，得知我去了一所不起眼的大学，爸妈可能会觉得没有面子，或者至少感到很遗憾吧。那样的话，我觉得我会是一个笑话。"

安宁继续问："所以，其实你面临一个挺困难的境地。无论病好不好，你都对未来感到担心，害怕自己成为一个笑话？"

天择点头，陷入了将近 10 秒钟的沉默。然后，他忽然提高了声音问安宁："我是不是挺可笑的？"

安宁面对此刻的天择，她的真心是想说当然不是，但又觉得这不足够。然而一时间，安宁也没有想到如何回应，只是本能地反应道："我完全没有觉得你可笑。"

天择语气弱了下来，**他对自己感到失望、愤怒，但是不知道该攻击谁。他感到无所适从，焦虑而迷茫。**

安宁看到，天择心里有非常多的矛盾、冲突。比如，想要赶紧治好病，不想让父母担心，却又害怕病好了要面对大家的期待。他此刻似乎无法面对现实，所以**生病反而成了最好的保护伞，让他不会受到来自外界及自己内心的谴责**。同时，他从小到大都是那么的渴望关爱，渴望被需要、被认可，害怕被抛弃，甚至对父母感到愤怒，对弟弟抱有敌意……但是，他无法直面这些感受，他的道德不允许他对亲近的人有恨，他只能一遍一遍地表达对病后来之不易的生活的珍惜……

对于这些冲突，有一些是天择讲出来的，有一些还停留在安宁的假设里。安宁不能因为自己的好奇而把治疗推进得太快。反而，她需要更加细微地体会天择的心理状态，跟着天择能够接受的速度，一点一点抽丝剥茧，帮助天择理解自己的这些冲突，将潜意识中的冲突逐渐意识化。这是帮助天择好转的关键点之一。

→ 本章锦囊：家长如何面对青少年的躯体化症状?

✓ 排除器质性疾病

发现孩子身体不适，首先要及时带孩子就医，确认问题所在，排除器质性病变。若经过相关检查，均确认孩子不存在器质性病变，可与医生探讨是否可能存在精神心理因素，并去精神科就诊。

✓ 不用"装病"评价孩子

如果没有检查出器质性病变，但孩子却表现出某些身体部位疼痛难忍，一定不要认为这就是装病。有躯体化症状的孩子确实会感受到如同器质性病变一样的痛苦，但他们的痛苦往往更难被家长理解。即使家长不理解为什么孩子会这么难受，也可以跟孩子说："尽管我体会不到你这种感觉，但我知道你现在真的非常难受。"

✓ 理解孩子的痛

如果孩子查不出器质性病变却身体疼痛难忍，家长要理解，这大概率是他的身体在报警，让我们看到他内心说不出的痛苦及压抑的感受，仿佛和真实的躯体疾病一样痛苦。这种痛苦的外化，是孩子内心的写照。

✓ 别奢求 100% 理解孩子的感受

看到孩子痛苦，家长虽然很想帮助，但实在无法理解孩子的真实感受，不理解为何如此痛苦。家长共情不到位，孩子可能会表达不满，如认为家长不理解自己。此时，家长一方面应反思是否长期以来对孩子的内心感受关注太少；另一方面也要接受没有人可以 100% 地理解对方，只能尽力去彼此靠近。

如果家长想准确理解孩子的感受，需要放下自己，设身处地地将自身置于孩子的境地，体验其中的感受。并非每个家长都有这样的情绪觉察力和敏感性，如何回应得恰到好处对家长也是一种考验。家长不是孩子肚子里的蛔虫，对孩子理解不到位是正常的。孩子最需要的，也并非被家长全然了解，而是相信父母会关注、在意他们的感受，渴望更好地理解他们。家长的态度，对孩子来说才是更重要的。

若家长想提升理解孩子的能力，一方面要多进行自我觉察，先去体会和理解自己的感受；另一方面要多关注孩子的感受，逐渐训练自己理解孩子的能力。不必因一时触摸不到孩子的内心世界而过度自责。

✓ 警惕"症状特权"

家长要警惕，若为了安抚孩子情绪而给予过多特权，可能会无意中让症状得到"奖励"，导致行为强化。但也不应过度冷漠，要给予孩子充分的关爱和温暖，给孩子力所能及的理解。

家长不可不知的重要能力——共情

● 共情是什么

共情不同于怜悯、同情，它不是居高临下的，是指一个人设身处地地站在他人的立场上，通过感知、理解和体验他人的情感及状态来与他人建立情感联结和共享情感体验的能力，也可以理解为同理心。换句话说，要做到与人共情，就要求我们能够感知、理解和回应他人的感受，能够与他人建立情感共鸣，并在某种程度上体验他人的情感。

共情不恰当可能会带来一些问题或误解，比如对他人情感的错误理解和武断评价反而会让对方更加愤怒。这就需要家长在共情孩子的时候，保持自我觉察，思考自己难以共情孩子的原因。必要时可以寻求专业支持（如心理咨询），以帮助我们减少误解，提高共情能力，更好地与孩子建立关系。

● 共情为什么那么难

主观臆断

家长在无意识中，将自己的情感和经验投射到孩子身上，过于主观地判断孩子的感受，甚至将自己的需求和感受强加于人，而忽视了孩子的独特处境和需要。比如，家长说"你就是这样想的"，很有可能这其实是家长自己的想法，而不是孩子的。

情感疲劳

长时间、单方面地给予他人情感投入和照顾，因此感到疲惫和过度消耗，导致共情能力的下降。比如孩子病后，家长变得非常小心，言行谨慎，不断安抚孩子的激烈情绪，但没有人对家长的情绪进行安抚，这就会造成情感疲劳。此时，家长除了照顾孩子，还要想办法做好自我照顾，比如寻求伴侣、亲人或心理咨询师的帮助。

客观差异

年龄代沟、社会文化、性别差异等客观因素导致我们难以准确地、设身处地地理解对方的感受和处境。比如，家长对孩子说"这件事不值得在意，我们以前都是这样"，就忽视了孩子所处具体情境，以及时代和社会环境的不同。

无法相信孩子生病

判断孩子到底出了什么问题，不是一件容易的事，未经专业训练的家长很难准确鉴别。所以家长要相信医生，相信科学，不要以个人经验或亲朋好友的说法去评判孩子的状况。

进行精神科诊断与鉴别具有极高的专业性，需要医生经过多年训练，积累丰富的临床经验和知识储备，再加上专业的评估流程。大致来说，精神科医生需要对来访者进行精神状况检查、病史采集、躯体和神经系统检查、辅助检查等，检查顺序及具体方法根据实际的临床情况而定。而对症状的诊断、分析与鉴别，一般遵循从症状学诊断到疾病分类学诊断的基本思路。医生需要先确定症状学诊断，然后考虑所有可能的假设诊断，并优先考虑等级较高的精神障碍。医生还需要验证确定的诊断，判断给出的诊断能否解释所有的临床资料，并进行临床风险评估和预后估计，在收集资料、分析资料的基础上，进行治疗方案的制定。[①] 因此，孩子是否得病，不能凭家长的主观经验轻易得出结论。

未解决的个人议题

一些家长自身存在情绪问题，有很多个人议题尚未处理，因此没有足够好的状态去体察孩子的感受。家长需要面对和解决自身问题，与孩子共同成长。

有躯体化问题的人如何应对症状发作？

✓ 自我理解

如果您有躯体化问题，应在治疗中理解自己的疾病特点和成因，尤其是在心理治疗中逐步看到自己的情绪压抑和躯体症状之间相互影响的规律，觉察潜意识中未被满足的需求或愿望，更充分地自我理解。当症状发作时，不要自责，尝试安抚自己，看到自己的不易和努力。

[①] 唐宏宇，方贻儒. 精神病学 [M]. 第 2 版. 北京：人民卫生出版社，2021：1-28.

✓ 减少对症状的关注

尽管没有器质性病变，躯体化症状仍然非常痛苦且难以通过个人的主观意愿有效控制，因此我们需要带着症状去生活，尽量减少对症状的关注，降低对症状的强化。在症状出现时，尝试让自己放松，转移注意力，或将注意力集中在一件事上，减少对疾病未知的焦虑。

✓ 建立积极视角

觉察自己的想法，从"我有病""我控制不了自己""我这辈子完蛋了"等想法，转向"我在调节自己""我的身体在报警，提醒我要照顾自己""即使微小的变化也值得高兴"等积极的视角。

第七章

天才“艺术家”

→ 第一节　情绪冲动的急诊患者

精神科来了位急诊患者

　　周日一大早，一位年轻女性在其丈夫的搀扶下来到精神专科医院的急诊门诊。这是今晨急诊的第一位患者。女子来到急诊后一直在大声哭泣，时不时想用拳头砸墙，被丈夫拦下。女子砸墙不成，又用拳头砸自己的大腿。她不回答医生的问话，好像周围人说什么都听不到，完全沉浸在自己的痛苦中，表情看上去有些狰狞。女子这样的状态，与她所穿的一身粉红色草莓熊的珊瑚绒睡衣似乎不太搭配。可以想象，她大概是**突然在家里情绪发作，根本没有来得及换衣服，就被家人送到了医院。**

　　此时，女子的眼泪和鼻涕正混杂在一起，流到她的嘴唇上。丈夫伸手想要帮她擦拭，被她胡乱挥舞的胳膊用力挡开。急诊医生看到，丈夫手心上似乎有被利器划伤的口子，而且血迹未干。但是这位丈夫，完全顾不得自己的伤，将注意力全部都放在妻子身上。尽管他也十分焦急，眼中的红血丝显示出忙碌一夜的疲惫，但他还是表现出极大的耐心，努力安抚着情绪激动的妻子，用那只没有受伤的手一直轻抚着妻子的后背。

这一幕看在急诊医生眼中，有些感人。

不过，急诊医生不能花太多时间沉浸在个人情感中，而是必须马上对患者的情况进行询问，并给出当前最合适的应对方案。

医生先对这位患者的情况做初步了解，并为其做了基本检查。为了帮助患者平静下来，避免造成更大的伤害，医生先给她开了有镇静作用的针剂。

来龙去脉

女子丈夫陈述道："她从凌晨开始闹到现在了。一大早天还没亮就有人打电话找她，是她的一个朋友。她们之前关系很好，最近好像在闹矛盾。那个朋友经常找她借钱，老还不上，我之前就和她说不要再借了，除非她朋友先把之前借的钱还清。而且，我们确实认真商量过这事。我没有逼她，是她自己觉得这个朋友有问题。最近，这个朋友又找她借钱，她拒绝了，所以对方说了些难听话。她一开始还好，跟我说她有心理准备。结果今天早上不知怎么两人又吵起来了。我看她接完电话情绪就不太对，我说让她再睡一会儿，她也不睡。大冬天的，天还没完全亮，她就一个人坐在阳台上。我怎么能放心？我知道她平时就容易情绪激动，想过去劝她，结果她就和我吵起来，**说了很多气话狠话，把桌上的花瓶、瓷盘、摆件全都砸了，整个阳台一片狼藉。但我知道她也不是针对我。我怕她伤了自己就去抢她手上的东西，结果玻璃碎在我手上。**幸好，花瓶没有扔到楼下去砸伤别人……我知道，她也不是故意的。她平时不这样，但是，她就是不能受刺激，一受刺激什么都不管不顾了！唉！有时候我也觉得，我快受不了了！"

急诊医生听到丈夫的描述，明白患者的情况需要仔细鉴别。比如，患者发作前是否服用过**精神活性物质**，有没有器质性精神障碍，有没有相关疾病家族史，有没有精神病性症状，以往有没有抑郁发作、躁狂或轻躁狂发作，以及是否达到双相情感障碍的标准……

【知识点】

什么是精神活性物质？

精神活性物质是指会影响人的感受、情绪及精神状态，甚至影响思维、认知、行为、意志等方面的物质，比如人们熟知的酒精、烟草、咖啡，以及大麻、可卡因、吗啡、海洛因和很多用于疾病治疗的精神类药物等，都属于精神活性物质。

周到、勇敢的"大女主"也会生病

医生询问道："她之前也出现过类似情况吗？除了打砸东西、哭闹还有什么具体表现？"

女子的丈夫想了想，回答道："**她的脾气一直都比较急。我**

的意思是容易发怒、情绪激动，和人发生冲突什么的。不过像这次这样，闹到乱砸东西，伤人，完全控制不住的程度，是最近两年才开始的。别看她年轻但她很要强，这两年工作压力很大，和她自己家里人的关系也不好。而且，两年前她妈妈去世了。我怀疑是不是和这些事情也有关系？印象中这两年里，她这么失控地大闹应该有五六次，或者七八次了。"

医生正想问话，丈夫继续陈述道："我们以前是同学，认识多年，一直谈恋爱，她妈妈去世前我们刚结婚。**她以前好的时候做事挺周到，懂礼貌，家里大事小事她都能张罗好**。工作上，领导也器重她。我以前以为她只是有时候爱发脾气，性格特点罢了。而且，我原来还挺欣赏她勇敢的个性。一开始我们都没想到她是病了，也没看过。反正，每次发完了脾气，她都会很快自己反省，一直哭，向我道歉。有时候她觉得自己状态可能好不了，就说不想活了，还说要离婚不拖累我。直到两年前有一次她闹自杀，写了遗书，趁我不在家时开了天然气，还好邻居及时发现，抢救回来了。那次之后，**我就觉得她确实有不想活的念头，不是说说而已**。那一次，她在老家住院住了快一个月，回家以后有挺长一段时间状态还可以，也没再说想死了。但是平静几个月之后，她又因为同事、朋友或者她爸的事情生气，又会犯病。"

时好时坏，该怎么办

医生问："她住院治疗的效果挺好的吗？那出院之后是否一直在规律地治疗呢？"

【知识点】

为什么在感觉状态好转时，不能自己调整用药？

我们不能忽视精神障碍的生物学因素，只看心理因素或社会因素。对于像本案例中这样的患者来说，虽然心理治疗、物理治疗，以及运动、调整生活方式等都可能有助于情绪改善，但药物的作用是基础性的，不能被其他方式替代。

有时候患者刚觉得在一段时间里好转了，可没多久又复发，因此丧失治疗信心，觉得自己好不了。这种想法对治疗本身是不利的。有的患者为了避免这种挫败感，急于证明自己已经彻底好了，就会出现一有好转就自己减药或拒绝规律用药的行为。这样的做法是不对的，违背了足量足疗程治疗的重要原则，非常不利于患者实现真正的好转。

实际上，很多患者的症状都会在一个长期持续的过程中，间断发作。其间可能存在机体自发性的症状缓解，或是在治疗帮助下的阶段性好转，但多次发作仍然是大概率会发生的情况。这并不意味着抑郁障碍不能治好，只是需要正确地认识治疗周期和症状特点，并给予自己更多耐心和时间。

丈夫摇头："没有，她比较有主见，有时候治疗一段时间确实状态好多了，看起来真像没生过病一样。那段时间她就说她好了，不愿意按时吃药。我又不敢多说，提醒多了怕她多想，觉得我把她当病人。但是，**我们后来才知道这病没那么容易好。她只要一段时间不好好吃药，情况就会不稳定**。"

医生回应："是的，你说的没错。住院也好，门诊也好，都得规律治疗，吃药很重要，不能自己想吃就吃，想停就停。门诊上，我们见过太多患者都是没有系统治疗，没有足量足疗程用药，却过来告诉我们说自己治了很长时间都没好。"

患者丈夫点头道："是的，我们劝她，她不听。也请医生帮我们劝劝她，让她好好吃药。"然后他想了想，又补充道："还有啊，我刚才好像和你提到，她不是一直发脾气，**每次发作完会有几个月比较平静**，该工作工作，与人交流也正常，偶尔还说过去的事情已经想通了，或者决心要控制好自己的脾气。**但是，她很难保持**。这次发作前，躺在床上的时候越来越多，每天无精打采，说自己很累；再问，她也不多说了，就一直睡觉。我看她好像也不是总能睡着的，但我叫她吃饭时，很多时候她都不愿意起来。她就算勉强起来吃饭，也是吃几口就说没胃口了，又躺回去。我买了她最喜欢的麻辣烫，她都吃不了多少。我们感觉她近来好像比以前严重了。她从半年前就开始经常请病假，最近两个月已经完全不能工作了。她说看见人就心烦意乱，也说不上来烦什么。我去问过她同事，好像也没有发生什么特别大的事情。就是半年前有一次她上班时替同事打抱不平，导致被人针对，而那个同事后来也没有维护她。为此，她在家哭过，情绪比较激烈，说特别失望，后来和那个同事也闹翻了。但是这事应该不至于让她完全变成现在这样吧？"

医生回应："的确不好说，生病原因是多方面的。有外在的刺激，也有情绪状态、思维认知等这些心理因素的影响，还有生物学因素等。她除了哭闹、发脾气，有没有特别高兴、兴奋的时候？"

丈夫否认道："没有吧，我这两年好像就没怎么见她特别开心地笑过。我也没发现她有什么时候特别兴奋。有时候她能保持几个月情绪还算平稳，没有大闹，不会天天说想死，但过不了多久就又变得很没精神，什么也不做，聊什么都没兴趣，要么就是遇到刺激的事情大吵大闹。她的脾气性格一直就是容易急，对别人的事情也爱打抱不平，生病前也是这样。她最近就总说活着没意思，怕拖累我。我一般都是劝她，告诉她我会陪着她。**我确实挺爱她的，她是个好人**。我们感情也不错。但是她发起脾气来挺可怕的，大哭大喊，摔东西也不是第一次了……"

→ 第二节 门诊还是住院治疗？

情绪问题竟然需要住院

医生经过一番询问，了解到的是，这位女子，名叫郭晟楠，二十一岁。晟楠不是第一次因为情绪问题被送到医院。两年前，她因为琐事与家人发生口角，情绪失控，出现绝望感，第一次诊断为抑郁，曾在老家住院一个月。

晟楠来这家医院的急诊也不是第一次。在这之前，她已经被送来过两次了。一次是一年前因为看不惯父亲和亲戚处理财产纠纷时退让的态度，在家和父亲发生了激烈冲突；另一次是半年前，因为在单位替同事打抱不平，导致别人把矛头都转向了她。同时，就像她丈夫描述的那样，一直以来，**晟楠都没有接受充分、系统的治疗，稍好一点，她就不再按时去复诊了，并且自行停药、换药**。晟楠总是觉得，没有人比她更了解她自己，特别不喜欢家人劝她吃药。直到这次发作前，除了偶尔服用助眠类药物，晟楠已经快两个月没有吃药了，也没有去门诊复诊。

急诊医生翻阅记录，看到她之前曾被诊断过情绪冲动，也诊断过抑郁状态，最近一次的诊断是**复发性抑郁障碍，目前为不伴有精神病性症状的重度发作**。

【知识点】

什么是情绪冲动和不伴有精神病性症状的
重度抑郁发作？

情绪冲动是一个状态诊断，不是疾病诊断。很多精神类疾病可能都有情绪冲动的特点。

诊断"复发性抑郁障碍，目前为不伴有精神病性症状的重度发作"，必须满足以下条件：

重度抑郁发作常表现为明显的痛苦或激越（如果患者的突出特点是迟滞，则上述表现不明显），自尊丧失、无用感、自罪感很突出，可能存在躯体症状和明显的自杀风险。

从症状层面具体来说，患者必须同时存在明显的心境低落、兴趣和愉快感丧失、易疲劳三个特点。此外，在以下七条中还应至少满足四条，且某些条目达到严重的程度：

1. 集中和保持注意的能力降低；

2. 自我评价和自信降低；

3. 自罪观念和无价值感；

4. 认为前途暗淡悲观；

5. 自伤或自杀的观念或行为；

6. 睡眠障碍；

7. 食欲下降。

以上症状持续时间一般为两周；但在症状极为严重或急性发作的情况下，时间不足两周的，医生可能也会考虑做出诊断。

需要说明的是，重度抑郁患者大部分时候不能维持正常的社会功能，如工作、上学、社交、打理家务等，都感到难以应付。

复发性抑郁障碍不同于抑郁障碍的是，复发性抑郁障碍会反复出现抑郁发作。反复发作至少应有 2 次，每次至少持续 2 周，每次发作的间隔期一般数月。在间隔期内，患者一般呈现出比较平稳和症状缓解的状态，没有明显的心境紊乱。这种情况，才可以被考虑是复发性抑郁障碍。

"不伴有精神病性症状"则是指患者在抑郁发作时不存在具有精神病性特征的幻觉、妄想或抑郁性木僵等，具体情况还需临床医生做出针对性诊断。①

---

① 世界卫生组织.ICD-10精神与行为障碍分类［M］.范肖冬，等译.第1版.北京：人民卫生出版社，1993：97-103.

急诊医生向晟楠及其家属再次确认，她并不存在幻听、幻视，也没有被害妄想、关系妄想等精神病症状。她每一次情绪出现大波动，几乎都事出有因，人际关系中的现实问题对她的影响尤其大。

医生综合判断，晟楠目前的情况仍符合"复发性抑郁障碍，目前为不伴有精神病性症状的重度发作"的诊断。**考虑到晟楠接受系统治疗的必要性，以及规避自杀成功的风险，医生建议住院治疗。**

【知识点】

情绪问题为什么需要在精神科住院治疗？

很多所谓的"情绪问题"，如果患者被诊断为心境（情感）障碍或神经症性障碍，都是需要接受精神科治疗的。一般来说，抑郁障碍、躁狂发作、双相情感障碍、环性心境、恶劣心境等都属于心境（情感）障碍；恐怖性焦虑障碍及其他焦虑障碍、强迫性障碍、疑病障碍、躯体形式障碍、神经衰弱、分离转换障碍等都属于神经症性障碍。

这些障碍可能伴有精神病性症状，也可能没有。即使没有，如果患者久治不愈，或者从未经受过充分、系统的治疗，或者存在自伤自杀、伤人毁物的潜在风险，都比较适合住院治疗。住院治疗一般分为封闭式和开放式两种——医生会根据患者的自我功能和具体症状、疾病发展阶段，给予适当的建议。

抑郁、躁狂、双相

这一次，晟楠和丈夫倒是都爽快地同意住院。只是，晟楠的丈夫对诊断有些不解，询问道："医生，我听别人说抑郁症主要是情绪低落，想死什么的，她这么激动也属于抑郁吗？"

医生解释道："**抑郁的表现并不只是情绪低落**。明显的痛苦、激越也符合抑郁发作的表现。当抑郁伴有极度焦虑的情绪时，很容易出现激越，也就是你看到的她这种哭喊打闹的状态。但是，这种激越，以及反复发作，**确实要和双相情感障碍相鉴别**。简单来说，双相情感障碍需要抑郁和躁狂交替发作，但晟楠的情况目前看还不能确定是否达到了**躁狂发作**的诊断标准。"

【知识点】

躁狂发作的诊断标准

躁狂发作一般可划分为：1. 轻躁狂；2. 躁狂，不伴精神病性症状；3. 躁狂，伴精神病性症状。它们的基本特征都是"心境高涨，身体和精神活动的量和速度均增加"。

具体来说：

1. "轻躁狂"的症状表现：

存在至少连续几天的心境高涨、精力和活动增高，常有显著的感觉良好，并觉得身体和精神活动富有效率。社交活动增多，说话滔滔不绝，与人过分熟悉，性欲望增强，睡眠需要减少等也常见，但其程度不至于造成工作严重受损或被社会拒绝。有时，易激惹、自负自傲、行为莽撞的表现也会替代较多见的欣快的交往表现。

注意能力的损害，也会降低从事工作、得到放松及进行闲暇活动的能力，但这并不妨碍患者对全新的活动和冒险表现出兴趣或有轻度挥霍的表现。

2."躁狂，不伴精神病性症状"的症状表现：

存在至少持续一周的心境高涨，且与个体所处环境不协调，表现可从无忧无虑的高兴到几乎不可控制的兴奋。心境高涨同时伴有精力增加和随之而来的活动过多，言语迫促，以及睡眠需要减少。他人在场时缺少必要的顾忌，注意力不能持久且容易转移。自我评价膨胀，随意表露夸大或过分乐观的观念。

患者也可出现知觉障碍，如视觉、听觉等变得敏感，觉得色彩特别生动等。患者还可能着手过分和不切实际的计划，挥金如土，或变得攻击性强、好色，或在不恰当的场合开玩笑。某些躁狂发作中，不出现心境高涨，而代之以易激惹和多疑，其严重程度达到完全扰乱日常工作和社会活动的程度。

　　3."躁狂，伴精神病性症状"的症状表现：

　　这类躁狂比上述两种更加严重，患者膨胀的自我评价和夸大观念可达到妄想程度，易激惹和多疑可发展成被害妄想等。其过度而持久的躯体活动与兴奋可致攻击或暴力。患者对饮食及个人卫生的忽视可造成脱水和自我忽视的危险状态。①

　　晟楠丈夫问："您说的躁狂发作和激越不一样啊？她不是躁狂发作？"

　　医生回答："躁狂发作有它的典型症状，比如情绪高涨、兴奋话多，当然也会容易激惹。晟楠有过明显比正常的时候兴奋话多，感觉自己能做很多事，脑子转得特别快的时候吗？"

　　晟楠和丈夫都否认这一点。

　　医生回答："如果没有，那确实不算典型的躁狂发作，目前还达不到双相情感障碍的诊断。不过，等她住院后，我们会有医生再继续了解和观察她的状态变化，会有一个更加确定的诊断。目前来看，晟楠的情况还是可以归为复发性抑郁障碍。如果经过住院观察，发现晟楠确实能达到轻躁狂或躁狂发作，才有可能考虑双相情感障碍的诊断。"

---

　　① 世界卫生组织.ICD-10精神与行为障碍分类［M］.范肖冬，等译.第1版.北京：人民卫生出版社，1993：92-94.

→ 第三节　迷人的疯狂

破防

很快，晟楠就住院了。这次住院，和晟楠以前的体验有些不同。

晟楠发现，这是一个开放且拥有相对自由的病区。她可以穿自己喜欢的衣服，可以自由地在活动区散步，可以与其他病友聊天，还可以和病友们一起玩扑克、打羽毛球、打乒乓球、练瑜伽、看心理学电影……

住院期间，由张医生负责她的整体治疗，包括用药调整以及物理治疗等。张医生说，虽然她刚到急诊时比较激动，但目前情绪相对稳定，有自我管理能力，没有伤害自己的强烈想法或行为冲动，也不会伤害他人，所以才能住进开放式管理的病房。如果她出现不能控制的伤人毁物或自我伤害，还是需要住在管理更加严格的封闭病房，以得到适当的保护和治疗。关于这些基本规则，晟楠可以理解和接受。

除了药物治疗和物理仪器治疗，病房还为患者们提供有针对性的个体心理治疗和团体心理治疗。这是晟楠在门诊治疗中从没有过的体验。病房每天都为患者们提供各种团体治疗，比如音乐团体、绘画团体、运动团体、认知行为干预团体、人际关系团体等。其中，绘画团体很快吸引了晟楠的注意。

在一次绘画团体治疗中，团体治疗师请大家选择任意想要的颜色，描绘自己当下的情绪和感受。治疗师告诉大家，这次的绘画没有好坏对错，无关绘画功底，只要按照自己的感受随性表达即可。晟楠看到其他成员都已经开始陆续动笔，她却很犹豫，拿起几支不同颜色的彩笔，又放下了。晟楠觉得，好像自己的心里很乱，但又有一块儿平静之地，好像有很多颜色，又好像什么颜色都不能充分概括她的感受。最终，晟楠选择用铅笔完成了自己的第一幅团体绘画作品，并将它命名为《旋涡》。

等大家都画完，治疗师邀请每位成员轮流分享自己绘画的内容与感受。轮到晟楠时，她忽然哽咽了，说不出话。她知道自己现在没有失控，只是凝视自己的作品时，被一些之前未曾认真体会的情绪扰动。她思绪有些烦乱，不知从何说起。治疗师没有催促，其他成员也静静地等待着。坐在晟楠身边的一位陌生病友，看到晟楠流泪，递给她一包纸巾，然后也默默地注视着她，没有过多盘问。

这一刻，晟楠忽然感受到被一股强大且有包容性的力量支撑起来，她的脑海中像过电影一样闪过一些记忆碎片。一片是她小的时候爸爸把妈妈打得浑身是伤时自己内心巨大的恐惧；一片是姥爷背着她蹚过下雨天的水洼地时满心的温暖；一片是上学时最好的朋友背叛她时，留下一句“我也是不得已”的纸条；一片是亲戚向父亲要赌债时，父母懦弱、卑微而躲闪的目光；一片是小时候的她用瘦弱的身体挡在门口，假装气势汹汹的样子呵斥欺负他们的人……那一刻，她只是不想看妈妈继续被人欺负。还有好多好多碎片，晟楠也不知道是什么，有的清晰，有的模糊。她觉得她只能画出一个黑白的旋涡，吞噬她的悲伤、不安、愤怒和恐惧，也吞噬她的安宁和快乐……至于这个旋涡的颜色，她觉得这是留给自己的一个未知。也许有一天，她会在另一种心境下给这幅《旋涡》上色。

　　事实上，除了丈夫，她一直很少敢在其他人面前流泪。大部分时候，晟楠都在群体中充当照顾者的角色，安慰别人、帮助别人，朋友遇到困难总喜欢找她。她也总是把朋友的事都当作自己的事情去办，即使有时候付出了很大的代价，她也在所不惜；甚至在大马路上看到不公平的事情，她也会冲上去帮助那个看上去更像弱者的人。晟楠也不知道，今天怎么就一下子破防了，怎么会在一群陌生人面前表现出脆弱。

　　最终，晟楠还是没有在这次团体发言中说出什么，但她觉得，此刻画作中的情绪表达已胜过千言万语。晟楠不想在自己的环节耽误大家太多时间，稍稍调整了一下情绪后，对大家表达出她的歉意与感谢："我现在有很多感受，但是很抱歉，我还不知道要怎样去说。很感谢大家用这样的方式陪伴我，让我静静地体会自己的感受，我还需要更多时间去消化。谢谢大家！"

　　晟楠虽然话不多，但她讲起话来一向条理清晰，有礼有度。今天也不例外。除了处于情绪极度激动的状态外，大部分时候晟楠都可以做到让自己的言行看起来恰到好处。她是如此善于自我管理，以至于让人无法将现在的她和发病时的她联系到一起。

遇见全新的自己

住院的日子一天天过去。**渐渐地，晟楠发现自己很喜欢参加绘画团体治疗。**好像这种方式特别能帮助她唤起内心深处的感受，还能帮助她在创作的过程中一边感受，一边思考。对此，她开始越发有兴趣了。晟楠让丈夫买了专业的绘图本和画笔送到住院部来。此后，她开始每天绘画，就像写日记一般用不同形态的线条记录下自己每天的状态以及所思所想。一开始，她的大部分绘画只用铅笔，偶尔用一些颜料上色。后来，她开始使用丰富的颜色去尝试表达。有兴致的时候，她也会翻出以前某个日子里的画作，给它们上色。有时候，她只会选择一幅作品中的某个部分上色，然后再放下，过一段时间进行回味时，继续上色。有时她会在已有颜色的部分再覆盖一层颜色，并层层叠加。

在住院期间，晟楠除了参加精神科药物治疗和团体心理治疗，还接受一周两次的个体心理治疗。安宁正好是晟楠在住院期间的治疗师。

晟楠带着画本对安宁说："你看，这些特别厚的地方，我都上了很多层颜色，最初是什么颜色我也不记得了，但是只要我看到它时感受变了，我就会想要再涂一层。我有时候会用手去摸这些特别厚的地方，很粗糙，但也比其他地方坚硬，这让我觉得很踏实。"

　　这是晟楠和安宁在住院期间的第六次见面，也是她第一次决定把自己的画簿拿到治疗室里来展示和分享。晟楠没有想好要展示些什么，或者如何解释这些各不相同的作品有什么含义。**但她为自己愿意把本子拿出来，并把自己的个体治疗师看作第一个观众而感到高兴。**或者说，在晟楠心里，能看到她作品的人并不是一个观众，而是一个能够和她安静地站在一起共同作画的人。

分享

　　晟楠说："我之前一直都不愿意将自己的绘图簿示人。在我心里，这个本子，就是独属于我的，是极其私人的领地。"

　　安宁回应："但你今天愿意把它带来给我看。"

　　晟楠回答："是的，我并不知道为什么想拿出来，但我对自己愿意拿出来感到有些高兴，也有一点担心。因为我并不想要得到任何关于这些作品好与不好的评价。"

　　晟楠一边说，一边将绘图本的正面朝向安宁，一页一页慢慢地翻起来。她有时候会指着某个地方说一句"这里我画了好多遍"，或者说"你看这块儿颜料特别厚，因为覆盖了好多层"；也有一些时候，她会进行解释，"这幅画一直没有上色，我不知道该怎么上色。"

　　安宁认真地听，认真地看。如果要说作为个人的真实感受，安宁真想惊呼一句"你的作品可太美了！很难相信这是出自一个业余画手的作品。"然而安宁没有说，因为她不能确定，任何关于美与不美的评价，对晟楠而言意味着什么。安宁没学过美术，但她在工作之余也对艺术很有兴趣，能够被晟楠作品中的冲击力深深地震撼。这一点，恰恰也是安宁欣赏艺术作品时最看重的部分。

晟楠看安宁真的没有发表任何评价，她笑了笑，主动问道："你想不想说点什么？"

安宁问："你对我会说什么有一些预期吗？"

晟楠答道："我看到你的表情和你的反应，虽然你没说什么，但我感觉你好像会懂我，至少懂一点点。当然，这或许和我在前几次见面中告诉过你很多事情有关。"

说到这儿，晟楠低下头，思考了一下，表情稍微变得严肃。她说："我其实担心你会带着已有的认识去看我的画。我好像有点儿希望你是今天第一次见我，然后再告诉我你对这些画的感受。不过，如果是第一次见面，我可能也没法儿和你分享。这倒是挺矛盾的。"

安宁决定不再犹豫，而是提醒自己，晟楠不希望被人戴着有色眼镜评价，无论有色眼镜是好还是不好，评价的是她的哪一面，那都不是全部的她。那么，晟楠需要什么呢？真诚也许就是安宁此刻能够给到晟楠的最好的东西。

安宁说："其实，我看完你的作品，第一反应是你为什么不办一个画展。这些作品藏在小小的本子里实在是太可惜了。我说这样的话，可能会让你觉得有点不像一个治疗师的反应，不过我想我不是在评价，而是想要回应你。你把你的私人领地分享给我看，我也想把我的私人感受真诚地表达给你，那就是这些作品确实带给我冲击和震撼。"

启程

晟楠一言不发地注视着安宁，从眼眶湿润，到泪珠滑落，她都一直静静地坐着，望着，好像一座美丽的雕塑，和她的作品融为一体。安宁也看向晟楠的眼睛，一边捕捉晟楠的感受，一边希望能从晟楠的眼睛里看到来自治疗师的真诚。

晟楠说："你这么讲，我很感动。我以前不知道我对色彩这么敏感，但是通过这次住院，我发现我的疯狂和我的理智都在这些图画里了。要说办个画展我肯定是不愿意的：一方面这对我来说太私人了，我不能去展示；另一方面，我也不懂画画，哪能办什么专业画展呢！不过，听你这么说我还是挺开心的。我还想告诉你的是，我发现，画画对我好像成了一件很重要的事。我住院前以为自己对什么都没兴趣了，所以这实在是一个意外。我现在一有情绪，第一反应就是画画。我前几天有些伤心，还撕掉了一幅原本很满意的画，但我没有去做更吓人的事，我觉得很好。**我想试着继续用画画来掌控或者表达自己的情绪。**"

这次治疗结束时，晟楠起身走出治疗室，脚步比刚来住院时轻盈了不少。她推开门，门外的阳光斜插进屋里，照亮了晟楠站着的地方。晟楠忽然回过头，微笑着朝向安宁说："我'疯'起来画的画是不是还挺特别的？忘了告诉你，其实在给你看我的画本之前，我先给我老公分享了其中的几张。他说他也喜欢我的画。他觉得我在他眼里是闪光的。我真高兴。"

→ 第四节 她是画笔，亦是子弹

在心理门诊，从"心"说起

经过一个阶段的住院治疗，晟楠的总体状态有了明显好转。张医生建议她出院，并嘱其一周后到门诊复诊，未来持续规律复诊，按医嘱服药，并坚持心理治疗。

晟楠一口答应道："没问题，我知道我以前断断续续地吃药、治疗，那样不科学。我以前的想法是有问题的，现在已经不那么想了。我愿意在出院以后继续坚持进行系统、科学的治疗，不会再自己擅自改药了。你们放心吧！"

出院后，晟楠在张医生的门诊有规律地复诊，并且每周一次来到医院心理门诊继续和安宁进行心理治疗。

自从晟楠在住院期间爱上了绘画，她出院后再也没有放下过画笔，时不时就会创作一些新的作品。很多时候，**晟楠也很愿意带着画作来到心理门诊和安宁分享近期的情绪与感悟。**

晟楠出生在一个小城市的普通家庭，她的爸爸年轻时经常赌钱，赌输了就去喝酒，喝醉了回家就打妈妈。即使在没有输钱的时候，爸爸也会打妈妈。爸爸脾气很暴躁，一言不合就动手，妈妈也不还手，只是躲，躲不开就哭。以前，晟楠对此很不理解，妈妈却说她太小，什么都不懂，没法和她解释。于是，**小小的晟楠很早就学会了讨好，特别会安抚爸爸的情绪，**以至于在好几次爸爸就要动手打妈妈时，都被晟楠成功拦了下来。但是，也有很多时候晟楠没有成功，眼看着爸爸一巴掌打下去，妈妈的嘴角都红肿了。晟楠害怕，她怀疑爸爸精神不正常，担心他会做出更可怕的事，劝爸爸去医院看看，结果自己也被爸爸打了。她曾试图报警，但妈妈把电话抢了过来，告诉她"家丑不可外扬"，如果报警她就没脸活了。晟楠此后再也没动过报警的念头。直到两年前，妈妈因病去世，晟楠受到很大打击，也不再与爸爸联系。

但是，当有人来要债时，爸爸却完全不见了平日在家的威风。那时晟楠眼中的爸爸是那么的怯懦、卑微，这让她感觉十分不适。晟楠观察到，除了在家，爸爸几乎总是在别人面前退让，给人赔笑脸，说好话，有时甚至卑微到没有原则，非常不懂得保护自己，更别提保护家人。这让晟楠不得不过早地学会长大。**当她第一次挡在爸妈前面，告诉要债的人再闹就要报警时，她就知道，未来人生路上的风雨可能都必须由她自己来挡了……**

如今的晟楠已经长大，通过努力，她有了自己的工作和一个爱她的丈夫。丈夫李谦是晟楠从小认识的同学，后来因为喜欢晟楠的性格而对她展开追求。丈夫曾说，当初他眼中的晟楠，既能遇事独当一面，又能很细心地照顾别人，凡事总为他人考虑周到，没有小女生的娇气。这样的晟楠让他十分欣赏。晟楠有时脾气急，容易与人起冲突，被说闲话。李谦每次都会主动站出来维护她。这让晟楠十分感动。很快，他们就在一起了。

但是，结婚以后丈夫逐渐发现，在晟楠的成长经历中有很多创伤。**她越展示出强硬的外表，内心越是恐惧不安，就像一只竖起全身小刺的刺猬，想要去对付一只大象。**丈夫对晟楠除了爱和欣赏，还有心疼。他经常想要帮助晟楠，但又因为力量有限而十分无奈。

比如，晟楠和丈夫去买菜，看到超市里有一位大爷和摊主争执，认为摊主缺斤少两，但是摊主不但不承认，还说了难听的话。晟楠见状，立刻冲上去帮着大爷跟摊主理论，吵得满脸通红，引来一大群人围观。在那一刻，晟楠好像着魔了一样非要和摊主理论清楚，根本不听丈夫的劝说，直到连一旁被帮助的大爷都劝晟楠算了，晟楠还不愿罢休。晟楠在心理治疗中说起这事时，自己也觉得当时的反应有些"上头"，**觉得只要自己有能力，就有义务帮助受欺负的人，无法忍受不公平的事情发生而无动于衷。**但如今反思起来，晟楠也说："我当时的反应确实有些太大了，最后弄得大爷也挺尴尬，我老公也很为我担心。"

安宁回应："和那一刻相似的场景，在你的经历中似乎不是第一次发生。用小小的、全部的自己去维护公平，保护弱者。好像总有种很强的力量让你可以不顾一切。"

晟楠抿起嘴，抬头瞥了一眼天花板，说："嗯，我明白你想说的。我小时候在家就是这样。爸爸打妈妈，也打我，我一开始很害怕。我摸不准他阴晴不定的脾气，看见他就想躲起来，或者赶紧跑，但是我又无处可躲，也不能不管妈妈。慢慢地，我就不去想怕不怕的问题了，**遇到事情我总是冲在前面，因为我妈妈不敢反抗。后来我习惯了，就感觉自己必须做到。**现在回想起来，从小学高年级开始，其实我已经不太会觉得害怕了。"

　　说到这里，晟楠喃喃自语道："可是，我为什么一定要管别人的事呢？我看见那些欺负人的事就很生气，觉得这个世界不应该是这样。总要有人主持正义。但是，我管的闲事太多，也给别人添了不少麻烦。这和我小时候的经历也有关系吗？"

　　安宁没有立刻回应，而是陪伴着晟楠一起感受和思考。

希望成为一颗子弹

　　晟楠忽然像是想起了什么，说道："我觉得，会不会有这样一种可能？当我替那个大爷出头的时候，代入了一种很强烈的愤怒情绪。我也许不仅是想保护他，似乎也想表达我的愤怒，甚至感觉那一刻是在保护我自己，保护我妈妈。嗯，对的，应该就是这样！**我常常有一个特别强烈的念头，就是能成为一个女特警，在执行重大任务时壮烈牺牲。我觉得这样的人生特别有价值。我很愿意付出自己，哪怕是生命，只要能让弱者得到保护！**"

　　安宁发现，随着治疗的推进，晟楠的表达欲逐渐变强，往往只需要一点引导，就会自己想到很多，感受很多。她的表达有逻辑也有深度，语速适中，联想适度，并不是躁狂的表现。晟楠是很敏感的，并且愿意用自己敏感的特质去觉察自己和身边人的感受。这样的特点让心理治疗进行得更加顺利。

　　听完了晟楠的表达，安宁回应："这似乎是你重要的使命，而你为了完成这个维护公平，保护弱者的使命，不惜把自己当作子弹打出去。"

晟楠说："**如果我能像子弹一样厉害就好了**。"晟楠低下头，继续道："可惜，很多时候我不是。相反，我总是给身边的人添麻烦。特别是我老公，他是个很好的人，不该和我一起受苦。他常常担心我乱管闲事受伤害，可我还会向他发脾气，和他吵。不瞒你说，他现在其实已经是我在这个世界上最重要的人了。我的姥爷和妈妈也很重要，但他们都去世了。"

晟楠叹了口气，神色悲伤起来。

托付的勇气

安宁回应："你心里是不是很害怕，你会成为老公的拖累？"

晟楠答道："是啊，不然呢？我有时候想离开他，放了他，让他后半生好过一点儿。我是真心的不想拖累他。谁愿意娶一个总是惹麻烦的老婆？有时候我状态不好，就想一死了之，或许这样也能让他过得轻松一点儿。我实在不想让他因为我而受苦，他是无辜的。"

安宁理解晟楠的矛盾和恐惧，回应道："我相信你是真的不愿意让他因为你而白白受苦。同时，你似乎也挺害怕他真的把你当作累赘吧？假设真的离开他，那也会让你体验到一种很疼很疼的感觉吧？"

晟楠沉默。

安宁补充道："你说，在你的世界里，重要的人只有他了。那么，被唯一重要的人嫌弃或者抛弃，这是谁都无法面对的感觉。"

晟楠又哭了。她用眼泪告诉安宁：此刻，她终于愿意承认心中的这份恐惧。**丈夫的爱对她来说太过重要，重要到让她害怕和不安，甚至想要在可能被抛弃的假设成真前自己先跑掉。**每一次她把丈夫推开，心里其实都有另一个更强烈的愿望，就是希望他别走。但是，在丈夫之前，世界上最爱晟楠的姥爷和妈妈都陆续离开了她，离开了这个世界。这让她不敢去相信，还有什么人是可以依靠一辈子的。**把自己托付给另一个人，对晟楠而言，需要太大的勇气了。**

过了一会儿，晟楠拿起画本翻了翻说："我现在忽然很想画点什么，但你坐在我旁边，我好像画不出来。我需要通过画画梳理一下自己，下次我会告诉你我画了什么。"

安宁看了看墙上的钟，今天的治疗时间已经到了。安宁与晟楠约定，下一次，晟楠会带着新的画作来继续分享她的感觉。

→ 第五节 高敏感的 AB 面

一点一点好起来

新一周心理治疗的时间很快就到了，但这一次，晟楠没有带图画簿。她知道安宁会疑惑，便拿出手机。展示在屏幕上的照片，竟然是一幅一人高的巨幅画作。

晟楠主动询问安宁："很惊讶吧？这是我第一次画这么大的画。"

安宁点头，捧起手机，端详起照片里的画作。

晟楠便在一旁饶有兴致地讲解起来："我老公带我去了一个画画的朋友那儿，给我提供了这个地方。这里太酷了，我真的很喜欢。这幅画是我和他一起完成的。"

晟楠挪了挪坐姿，向安宁靠近了一点，指着手机继续道："一开始，我还有些小心翼翼，不知道该怎么面对这么大的画布，很茫然。然后，我拿着笔在上面小心地涂抹，但总觉得不太自在，不习惯，放不开。是我老公一直鼓励我，让我就当是在本子上画画一样，想怎么涂抹都可以。然后，你知道我们干了什么吗？我们一起拿起颜料往画布上泼，溅在身上也没有在意。我看他那么放得开，我也放开了。我真的从没想过他会给我这样的惊喜，我也没有想过我其实是愿意和他一起完成一幅画的，**我的私人领地中好像可以留一块儿地方让他和我在一起**。你知道，我以前一直把画画看作非常个人的事，不能有其他任何人参与，也只有很少的人可以看到我的画。但是，我真的很开心能和他一起完成这幅画。要说我们画的是什么，我也不知道。但是你看，我选了很多都是明艳的颜色，觉得太亮了，有些不真实，我又加上一些黑色。嗯，他问我为什么想涂黑色，**我说那是我的黑夜，生命不会总有阳光。他在我涂的黑色上又加了一笔金黄，说他想帮我添一笔黑夜里的亮光……我好快乐**。其实那天过后，我就很想和你分享这种感觉。只是这幅画太大了，没法带来，我就拍下来和你分享吧……"

晟楠讲述的时候，眼睛里闪烁着少女般的快乐。她和丈夫的对话好像偶像剧一样，但被晟楠说出来，又令人觉得其中的情感那么真挚。要不是真正地了解过他们在一起都经历了什么，安宁也不会这么理解那一天对于晟楠的意义。

安宁想，**很多人童年期形成的不安全依恋，虽然相对难以改变，但在成年后，仍然有机会建立新的关系重获安全的体验**。这让她心中生出一种感动和欣慰。

安宁一瞬间陷入恍惚，她忽然想起，在自己的成长经验中，好像也有过似曾相识的体验。她曾坚持认为早年父母离异的事件在她心里一点都不重要，人应该把大部分注意力都用在如何让现在过得更好。正因为如此，从没有人真正看到过她心中受伤的部分，直到先生的出现，才让她重新感受到莫大的安全。这何尝不是一份与晟楠巧合的幸运。

【知识点】

依恋的类型

依恋是指人们在亲密关系中形成的一种特殊情感联结和关系模式。早年婴儿与母亲之间能否形成安全型依恋，会影响其成年后在关系中的安全感。

研究显示，人的依恋类型通常可以分为以下几种。

安全型依恋：

安全型依恋是相对最健康和稳定的依恋类型。安全型依恋的人通常能够建立亲密、稳定的关系。他们信任自己和他人，能够积极寻求支持，同时也能够为他人提供支持。他们对于自己的需求和他人的需求都有良好的认知和回应。

焦虑型依恋：

焦虑型依恋的人常常表现出对亲密关系的强烈需求和恐惧失去的担忧。他们对于他人的关注和接近非常敏感，容易感到不安和不安全。他们经常需要确认和验证他人的爱和关心，并且容易陷入情感的不稳定和不安全感。

回避型依恋：

回避型依恋的人倾向于避免亲密关系和情感的投入。他们可能对于依赖他人感到不舒服，喜欢保持独立和自主。他们倾向于隐藏自己的情感需求，对于他人的接近和亲密可能会感到不安和压力。

混合型依恋：

混合型依恋是指同时具有焦虑型和回避型依恋特征的依恋类型。这类人可能在亲密关系中表现出矛盾的行为和情感，既渴望亲密又害怕亲密。这种依恋类型常常与不稳定的关系和情感困扰相关。

需要注意的是，依恋类型的分类是相对的，可以在不同的关系中呈现出变化。比如，一个原本是不安全依恋的人，在遇到一个非常匹配的配偶时，也可能在这段关系中表现得有安全感且情绪稳定；两个安全型依恋的人，也可能因为性格不合而对关系感到不再安全。因此，依恋类型与个体的早期经历和养育环境密切相关，但并不是一成不变的。通过个人成长和心理治疗等方式，人们可以发展和培养出更健康、更适宜的依恋模式。

不一样的治疗师

晟楠敏锐地发现了安宁的走神，她问道："你在想什么？"

晟楠的问题很快把安宁拉了回来。安宁没有掩饰，袒露道："我听到你描述和老公画画的情景，真的太有画面感了，很打动人。我想我能体会到你那一刻真实的快乐，因为我也有过在亲密关系中被治愈的感觉。不过，这和我们的治疗关系不大，很抱歉我一时走神，但我确实被你的故事深深地打动了。"

晟楠笑了，说："你是一个很不一样的治疗师。"

安宁用好奇的目光看着晟楠。

晟楠解释："你很真诚，自己的心里话也愿意告诉我。我以为治疗师只会不停地询问，从来不袒露他们自己。"

安宁问："那这让你感觉怎么样？"

晟楠说："**现在就是感觉挺安全的呀。你这样让我觉得我们之间很平等，让我很放心，好像我也有权利共享你的秘密。**当然，我可不是想要窥探你，你别误会哦！"

安宁回应："真诚是我对待你最基本的态度。我理解你的目的不是窥探我，不过你的话让我觉得你开始对我感兴趣。似乎你在治疗中真的放松了不少。"

晟楠说："是啊，是啊，我现在是比之前放松，而且能体验到生活中有快乐。重新好好吃药以后，我也没有出现之前那样大的情绪波动了。我很喜欢这样的状态，但也害怕这不是真的。"

"敏感"到底是好还是坏

晟楠正说着，脸上刚刚展开的笑意又收了起来。她告诉安宁："我又想起一件不太开心的事，这也是我现在的一个小烦恼。我之前和老公在家吵闹，声音有点大，惊动了邻居，而且他们现在都知道我住院了。我这几天本来状态挺好，但是邻居有个大姐一见到我就嘘寒问暖，好像特别想帮我做点什么。我说不用，她还是很热情，让我挺不舒服的。"

安宁问："可以具体描述出来，是哪个部分让你很不舒服吗？是她的嘘寒问暖？热情？还是？"

晟楠："热情吧，好像也不全是。我觉得她是好心，但是我不想被可怜。对，**我感觉她用很夸张的方式可怜我，好像是一种看待异类的眼光**。可是她说的话也没什么问题，都是关心的话。我是不是太敏感了？我一直是个很敏感的人，生病以后就更敏感了。"

安宁追问："被可怜，被看作异类，对你来说是一种什么样的感觉？"

晟楠答道："有点生气，还有羞耻。我本来觉得自己挺好，我看她买菜回来提了大包小包很多东西，要拿钥匙开门不方便，我就想帮她提一下。可是她没接受，说我身体不舒服应该好好休息，不用帮忙之类的。我挺难受的。"

安宁回应："你以前经常主动帮助别人，也有很多人喜欢向你求助是不是？现在却不一样了，这好像形成了对比。"

晟楠说："是啊，不过我也没有刻意对比，但是，确实……怎么说呢？我帮她拎一下东西不是什么大事啊，举手之劳而已，怎么就会被拒绝呢？"

安宁继续回应："你以前总是被大家需要，现在却连举手之劳也被拒绝。当你觉得不再像以前一样被大家托付或信任，是不是挺有落差？"

晟楠答道："嗯，是的吧。**我很需要大家的认可，我也很喜欢帮助别人，帮助别人让我觉得自己的生活有意义**。我以为自己挺重要的吧。太可笑了，我怎么会这样想？我帮别人的都是很小的事，哪有什么重要？还是我太可笑，太敏感了。"晟楠一边说，一边自嘲似的笑了。

安宁说："好像一直以来，你都是在照顾别人的过程中感受着自己的重要性。但其实，你原本就很重要。只是这一点在你心里很难得到确认。**当别人告诉你，你可以不需要刻意做什么，就能得到他们的关心时，你会感到不适应。**"

晟楠情绪平静了一些。她想了想，很认真地问安宁："你可以告诉我，在你眼中我是一个过分敏感的人吗？"

安宁说："是有一些，但又不全是。我的意思是，你怎么看待敏感这个特质，还挺重要的。"

晟楠问："敏感应该不是个好词吧，至少在我这里不是。我觉得敏感的人就是想得多，玻璃心，很难搞的一种人。实话说，我觉得我是这样的，所以我挺佩服我老公能和我在一起这么久，而且还总是说喜欢我。"此时，晟楠又露出自嘲般的笑。

安宁理解很多人对"敏感"一词的负面感受，都不喜欢被别人说太敏感，但实际上，这一点很有必要与晟楠讨论和澄清。这关系到晟楠用什么样的眼光看待自己身上的特质。

安宁解释道："我想你说得很有道理。**敏感这个特质，在人际关系中常常带来麻烦。但是，它也会给我们的人际关系带来好处**。比如，你会更敏锐地觉察到别人微小的情绪变化，你会比其他人更能体谅他人的不易，更善于换位思考。因为敏感的人更容易深刻地体验到他人的苦难，所以往往会乐于助人，或者至少心存善良。"

晟楠脸上划过一丝惊讶，她的确没想到还能从这个角度去看"敏感"，而她也承认，自己同样具有安宁刚刚提到的这些特质。

安宁继续道："敏感，也包括对色彩、音乐等艺术作品的敏感，这让一部分人更加具有艺术气息，或者，至少能在艺术作品中体验到更加丰富的情感。这也是一种挺高级的能力。同时，对环境中的声音、光线和温度敏感，也可能更容易让人失眠。"安宁用开玩笑的语气提到失眠，想观察一下晟楠的反应。

晟楠很自然地接收道安宁语气中的信号，也用稍带玩笑的口吻回答道："哈哈，这么说我的失眠也可以从这个角度解释了。"

安宁笑了笑，没说话。听见晟楠的语气已经变得轻松，安宁就知道，晟楠已不像以前那样油盐不进。她情绪稳定时，的确是一个可以顺畅沟通的谈话伙伴。

新的生活就这样徐徐展开

这之后，安宁和晟楠的心理治疗一直在稳步推进，晟楠也遵医嘱按时到精神科复诊。

三年后，晟楠在丈夫和画家朋友的帮助下，开始在网络上公开发布自己的部分作品，并通过绘画作品向大众分享自己治疗中的心路历程，科普精神心理治疗的常识，帮助更多人走出疾病和情绪的困扰。晟楠还开办了一个专门的公益号，在网络上教大家用艺术的方式帮助自己表达感受，重获希望。

一天，晟楠照例来到精神科复诊开药，推开门，张医生正在等她。这些年，她的医生从一位又一位急诊大夫、换来换去的门诊医师，到固定在张医生门诊就诊，她终于体会到了遵医嘱规律治疗的好处。在精神科治疗和心理治疗的持续进行中，晟楠的症状也逐渐得到了较好的控制。

张医生说："晟楠，我看你现在状态一直不错，可以考虑再减少一些药量了。你觉得怎么样？"

晟楠笑答："好啊，我听您的！我也感觉不错，可以试试。"

→ 本章锦囊：家庭中的哪些问题 容易"制造病人"？

● 频繁冲突的家庭

父母关系存在较多冲突，且将孩子拉入父母的战场，让孩子选边站，或者把怒气撒在孩子身上，这些都会使孩子卷入三角关系，变成父母婚姻问题的替罪羊，或者为了站边而产生巨大的内心冲突。同时，孩子也可能被迫成为父母关系的调解者或拯救者，承受巨大的心理压力。同时，当孩子成年后，也可能在自己的亲密关系中重复冲突或问题。

● 边界模糊的家庭

父母和子女的角色定位及边界模糊，可能因为夫妻一方长期缺位，导致孩子承担起另一方伴侣的角色，为爸爸或妈妈提供大量情绪价值，安抚父母的情感创伤。同时，孩子也可能与家长的其中一方关系过度紧密，彼此之间情绪"传染"，相互影响，情绪变化几乎同步，一方过不好，另一方就认为自己也好不了，彼此需要的同时，也给彼此造成巨大的压力。

● 假性互惠的家庭

家庭成员表面关系和谐，实则压抑真实情感以避免冲突。父母表面上通情达理，实际可能存在对孩子隐形的强势或忽视。这样的家庭关系缺乏弹性，"不允许负面情绪存在"成为家庭中隐形的规则。在这样的家庭中成长的孩子容易过度压抑真实感受，害怕表达负面感受，甚至出现躯体化症状。

● 阴晴不定的家庭

父母情绪极端、阴晴不定，孩子无法判断怎样做才能得到认可，容易变得过度察言观色，通过不断的讨好和迎合来维持关系的稳定，真实自我的发展受到抑制，对人际关系小心翼翼，缺乏信任，对自己的情绪感到麻木，或过度依赖外界评价。

● 情感忽视的家庭

父母仅关注孩子的温饱和学习，或者过于理智，经常讲道理但忽视、否认甚至指责孩子的感受，缺乏情感表达。孩子的情绪情感没有得到充分理解和回应，导致情绪情感表达困难，不知如何恰当地处理负面情绪，容易压抑愤怒、自责甚至伤害自己。

● 双重束缚的家庭

在家庭治疗中，双重束缚是指家庭沟通中常见的一种矛盾现象，即家庭中权威的一方（往往是家长）发出两个或以上自相矛盾的指令，要求相对弱势的一方（往往是孩子）必须完成，且不能逃离。接收指令者（即孩子）无论怎么做都会受到惩罚，且不被允许把这种矛盾性表达出来。如父母对孩子说"你要学会自己做决定"，当孩子自己做决定时父母又会说"你这样做是不对的"，孩子转而听从父母的意见，父母又说"你怎么这么没主见？你不能总依赖父母！"若孩子指出父母指令的矛盾，父母则说"不许顶嘴"。这样的家庭沟通容易让孩子感到巨大的矛盾，无论如何都无法得到肯定，且无法判断哪个指令是父母的真实意图，对"怎么做都是错"感到习得性无助，甚至极端情况下出现精神分裂。

　　以上谈到几种容易制造精神疾病的家庭，并非绝对，精神疾病的成因来自社会（含家庭）、心理、生物多个方面，并非单一因素所致，也并非完全是原生家庭的问题。识别这些模式不是为追责或贴标签，而是为了帮助读者明白家庭可能存在的影响。

以往经历已无法改变，如何调整当下的自己？

(✓) 自我理解

　　通过对以往经历的回顾以及对自身感受的探索，来对压抑的感受进行充分的表达，允许自己为心中的缺憾哭泣，并且如果能够得到足够的理解和不加评判的回应，就可能逐渐理解过去的经验是如何塑造了当前的自己。

✓ 进行哀悼

承认并哀悼自己曾经渴望但未能得到的东西，比如某些人的陪伴、关怀、情感抚慰和理解等，允许自己为这些无法重来的过去感到遗憾、悲伤以及愤怒。哀悼这些心理上的缺憾，如同哀悼一个去世的亲人。最终我们有望认识到无法靠任何办法让去世之人复活，也无法靠任何办法让过去的创伤不发生，于是再次着眼于当下和未来。

✓ 重建功能

重建当下的社会功能，行动起来并学习新的方式社交，培养自己的个人爱好，寻找亲密的伙伴或亲属，重新与社会建立连接，把自己的注意力放在当下最有意义的事情上，找到人生新的意义。

第八章

心魔离我们
有多远

→ 第一节　怕黑的女孩

走失的小女孩

小溪说起话来一副久经世故的样子，有时会让人忘了她实际上只是一个十四岁的小女孩。隐藏自己的恐惧，并表现得成熟老练，这是她在成长经验中发展出的能力，也是她给自己的重要的保护伞。

这要从小溪的经历说起。虽然只有十四岁，但她的经历却比很多成年人都丰富。

小溪出生在一个经商的家庭，父母都是南方人，白手起家一起做生意。小溪刚出生不久，父母就因无暇照顾把她送去了农村老家，让她跟着奶奶爷爷生活。

在小溪四岁时，奶奶曾有一次带小溪出门，竟然把她忘在了集市上，直到天黑才发现小溪不见了。家人连夜去找，都没有找到。最后，是同村人在回家的田野路上看到了独自一人的小溪，顺道把她送了回来。在被送回家的路上，小溪没有哭闹，直到回家看到了奶奶爷爷，小溪才大哭起来。

六岁时，全家最疼爱小溪的爷爷因为突发心脏病，抢救不及时去世。小溪至今仍记得灵堂的样子，每当想到这些，她就会发抖。

六岁半时，小溪到了该上小学的年龄，父母把她接回身边上学。直到四年级，同学们都已经开始结伴去上学了，小溪仍一直害怕黑夜，不敢一个人在家，放学也不愿意一个人走。父母不理解，他们为了锻炼小溪，在她上小学四年级后，就强行要求她自己上学。小溪因此在家哭闹多次，最后还是被迫自己去了。

噩耗接踵而至

经过多年打拼，小溪的父母本来已经拥有不小的产业，在南方沿海地区小有名气。但是由于被朋友欺骗，且接连投资失败，家庭经济情况急转直下。小溪也从生活富足的"公主"又变成了一个"普通女孩"。多年来，父母一直忙于生意，几乎没有时间去陪伴小溪。**整个小学期间，陪伴小溪最多的是家里的保姆**。家里生意出问题时，小溪刚上初一。**眼看着正值壮年的父亲便一夜白头，她却什么也做不了**。她的母亲也很焦虑，家里的气氛时常令人紧张不安。

噩耗一波接着一波。初一上学期刚结束，迎来新年，小溪的家庭却没有迎来美好。爸爸过年期间一直在到处送礼，喝酒，谈生意，希望扭转公司的局面，却在一个酒局上倒下了。尽管救护车第一时间把爸爸送去医院，但还是没有抢救过来。小溪的爸爸就在这个阖家团圆的新年里，因为突发脑出血去世，年仅三十九岁。

小溪当时十三岁，她陪着妈妈一起办完了爸爸的葬礼。整个过程中，**小溪表现出远超同龄人的冷静，时不时还会安抚妈妈。**但是，她还是不敢一个人待着。特别是到了晚上，小溪总是要求走到哪里都和妈妈在一起。

在妈妈的爱中窒息

爸爸去世后，小溪和妈妈相依为命。

小溪上小学时成绩不错，按照家里之前的光景，爸爸妈妈是计划让她高中出国的。因此，父母初中时就把小溪送去了一所学费不菲的私立初中。但是现在，妈妈无法一个人应付公司事务，且目前生意不景气，一切只能勉强维持，甚至公司随时有关闭的可能。除了还债，妈妈还要支付小溪高昂的学费，压力很大。因此，小溪主动提出转学。

妈妈不同意，她不愿意让家里的事影响到小溪的未来，总说公司会好起来，让小溪专心学习。但是小溪不相信，她好几次看到妈妈把自己关在房间里哭，无法相信家里的情况还能好起来。妈妈坚持不让小溪转学，对小溪的学习提出了很高的要求。比如，妈妈要求小溪不许碰任何游戏，周末不许出去玩，用一切课余时间学英语，参加竞赛，希望小溪能获得国外学校的奖学金，减少一些出国费用上的压力。**小溪不想出国，可是她只要有一点儿懈怠，妈妈就会发怒，甚至痛哭，责怪小溪不懂事。**

初一结束后的寒假，妈妈和小溪因为寒假上不上课外班的问题发生了很多冲突。妈妈想让小溪学马术，小溪觉得这是"打肿脸充胖子"，没有必要，不想让妈妈再为她花钱。妈妈很生气，认为小溪不珍惜妈妈的努力，让妈妈很失望。

初二开学前一天晚上，小溪突然对妈妈说，不想去上学了。无论妈妈好言相劝还是怒火冲天，小溪都坚决不去。在妈妈的强逼之下，小溪第一次用美工刀割破了手腕，血流不止。从那之后，小溪一直没有重返课堂，并要求妈妈带自己看病。

妈妈尽管被小溪吓了一跳，但并不相信小溪有心理疾病。妈妈试图和小溪沟通，说服她别多想，但每次沟通都以小溪威胁自杀告终。妈妈觉得，小溪是在网络和电视上学坏了才有这些自伤自杀的行为。于是进一步限制小溪使用电子产品，甚至不准小溪随便和同学聊天。有时候，小溪偷偷和同学聊微信，被妈妈发现后，妈妈会要求小溪交代全部聊天内容，以确保小溪没有被"带坏"。

小溪无法忍受这种窒息的感觉，可又很心疼妈妈一个人带她，不知道该怎么办，越来越责怪自己，自伤的频率更多了。一天夜里，小溪在自己卧室忽然大叫起来，她说看到了房顶上吊着一个女鬼。但是妈妈并没有发现什么女鬼，问小溪是不是做噩梦了。小溪表示，她确信自己没有睡觉，就是忽然看到了女鬼。自此之后，每当妈妈和小溪发生冲突，小溪都会时不时看到鬼魂在房间里飘，有时候是一群，有男有女，有时候就是一个女鬼，吊在屋顶冲着她笑。

直到有一天，妈妈推开房门，看到小溪正在和空气中的"女鬼"说话，才感到不寒而栗，决定带小溪去精神科就诊。

→ 第二节 "我的女儿不会有病"

能否不去精神科

走到医院门口，妈妈还是无法下决心带女儿去看精神科。她看着一旁表情平静的女儿，心想是不是自己想多了，也许孩子只是一时闹脾气，过去了就没事了。小溪看妈妈犹豫了，着急起来，明确表示不愿回家，一定要去医院。又经过一番争执过后，妈妈和小溪各做了一步妥协。妈妈退掉精神科的门诊号，改约了当天的心理治疗门诊，小溪接受了。于是，这才有了小溪和治疗师安宁的会面。

在初次会谈中，安宁从妈妈的描述中，了解到小溪大致的过往经历，以及当前的主要症状表现。考虑到小溪的幻觉症状、情绪症状以及自伤行为风险，安宁明确建议妈妈带小溪去看精神科门诊。

小溪妈妈回复说："我们孩子从小就懂事，一直挺乖的，学习也好。这些年，确实家里的事情不少，但是孩子一直都挺坚强的，不像是有病。**你确定她需要去精神科门诊吗？我们就在你这里看，可以吗？**"说着话，妈妈忽然眼含泪光。

安宁看着小溪妈妈，深切感受到，这些年发生在这个家庭中的种种事件，不仅对孩子有影响，孩子的妈妈也难以承受。

安宁很确定地回复道："从孩子的外在表现来看，她目前可能有幻视，也许是情绪引起的，还不太能确定是**真性幻觉或假性幻觉**。再有，她目前不能正常上学了，虽然暂时说不出来原因，

【知识点】

什么是真性幻觉和假性幻觉？

幻觉是指，在没有现实刺激的情况下，人的感官出现虚幻的知觉体验。这是临床比较常见的一类精神病性症状。如果按照幻觉体验的来源分类，幻觉可以分为真性幻觉和假性幻觉。

真性幻觉的幻觉体验由感觉器官获得，包括视觉、听觉、嗅觉、触觉、味觉等，患者体验真切，幻觉形象生动鲜明，患者往往会说看到了或听到了某些客观不存在的事物。

假性幻觉的幻觉体验由患者的主观空间获得而非来源于感觉器官，幻觉的形象也不够鲜明具体，患者往往会说幻觉体验存在于大脑中。

对于小溪的情况，精神科医生需要进一步问诊，判断小溪所说的女鬼是她确信看见的还是脑子里存在的，女鬼形象能否具体描述等。

但**上学原本是她重要的社会功能，这方面确实已经受到了影响。**另外，孩子近期频繁地伤害自己，也有想死的念头——虽然说是和你发生冲突时才会这样，但也不能排除造成严重后果的风险。这些都需要在精神科确诊。孩子现在肯定是达到一定的诊断标准了。如果一直拖着不去，以后问题会更麻烦。"

小溪妈妈点点头，似乎听进去了一些，接着询问道："那她需要吃药吗？"

安宁回复："这个得听精神科医生的。如果吃药会有帮助，再结合心理治疗，效果会更好。你对吃药有什么疑问吗？"

小溪妈妈解释："倒也没有，我多少了解过一点，不是不让她吃，只是不知道她这么严重了。"

安宁判断，小溪的妈妈对于孩子生病这个事实还是需要一些时间来慢慢接受，所以又对妈妈进行了一些安抚和疾病知识科普，再次明确建议她们在心理治疗结束后去精神科门诊挂号。

妈妈不喜欢我说这些

由于小溪年纪还小，首次会谈是在妈妈的陪伴下进行的。这一点是小溪主动提出的，安宁同意了。原本，安宁也要在第一次会谈中和家长谈保密协议等治疗设置的问题。但是安宁发现，从进门到现在，几乎一直是妈妈在表达，小溪没有说太多话。

安宁转向小溪问道："需要妈妈了解的情况我们已经谈完了，接下来还需要妈妈在场吗？"

小溪没有立刻回应，看起来是在思考。

妈妈也问道："你希望妈妈在这儿吗？如果不需要我就出去，需要我就留在这里。"

小溪还是没有回答。

由于门诊时间有限，安宁给出建议："一般来说，如果我们是进行个体治疗，而非家庭治疗，妈妈只要谈完知情同意就可以在外等候了。除非孩子非常需要妈妈在场。"

小溪开口道："我想让妈妈多陪我一会儿再出去等，这样可以吗？"

安宁同意了。询问小溪原因，小溪不愿解释。

安宁换了一个问题，问道："那，你愿意说说是你自己想来的，还是妈妈让你来的吗？"

小溪说："**是我自己想来。我妈原本不让。**"

小溪妈妈解释说："我就是觉得她没什么事，怕她想太多了。我说你要是身体不舒服，可以带你去散散心，找中医调理也可以。她就非要来精神科。"

安宁向妈妈表示了解，转头问小溪："妈妈说是你自己坚持要来的，是这样吗？"

小溪点头。

安宁接着问："妈妈前面已经说了家里发生的这么多事情，你一直都没说话。我想知道，这些是你想和我聊的话题吗？"

小溪又陷入沉默。过了许久，小溪说："妈妈不喜欢我说那些不好的事，我说了妈妈会生气。"

妈妈回应："我就是怕她老说老想，心里难受。既然来了就说吧，我没有意见的。"

小溪表情有些委屈。让安宁不解的是，小溪认为妈妈不喜欢她要说的内容，却希望妈妈多陪伴一会儿，这似乎有些矛盾。

安宁问道："平时在家，你会和妈妈说你的心事吗？"

小溪点头，很快又摇头，解释道："说过，但是我怕妈妈太累了。现在很少说。"

安宁回应："那么，我能否理解为，你挺希望妈妈了解你的心事，但是又不知道说了会怎么样，所以现在有点儿犹豫不决？"

小溪点头。

妈妈见状，自己起身道："没事儿，要不我还是先出去，你自己和医生说，妈妈在门外陪你。"

安宁知道妈妈是想多留一些空间给孩子，同时也感受到了妈妈的焦虑。**面对孩子渴望被妈妈倾听的诉求，妈妈的第一反应是起身离场，而不是继续等待孩子表达。**

安宁叫住妈妈说："家里接连遇到这么多事，有些感受难以表达是可以理解的。如果孩子愿意你在，不妨听听孩子说什么。"

小溪看妈妈要出去，既觉得松了口气，又有一些淡淡的失望。小溪对治疗师说："没事儿不用了，让我妈妈出去吧。我还是想单独和您说。"

→ 第三节　鬼魂与噩梦

"你相信有鬼吗？"

妈妈离场后，安宁问道："你一开始好像希望妈妈在这里？"

小溪回答："嗯，但还是别在了吧。"

安宁问："想和我说说原因吗？"

小溪说："有点希望她在，能听听我想说的话。但是，还是不在更好。我也没有那么希望。**我妈在，我就不敢说得太严重。我在家总是装笑脸，只有一个人的时候才能做自己。**"

安宁问："好像在妈妈面前做自己挺困难的。能告诉我，你说的'做自己'具体指什么吗？"

小溪说："我会划自己、大哭、撕书、摔东西……我也不知道，想干吗就干吗。"

安宁问："好像一个人的时候更能肆无忌惮地表达痛苦，哪怕这种感觉有些孤独，没有人看见。"

小溪同意，并解释道："我妈妈一直不太能接受我生病，来这里是我再三要求的。你不知道我在家求她带我来看病，有多难！我当时想的是，如果她不同意，我就真的不想活了。"

小溪忽然用有些阴森的眼神望向安宁的背后，指着房顶的方向说："那里有个人，哦不，是鬼。你能看到吗？"

安宁转头，看到空空如也的白色屋顶和墙壁，乳胶漆刷得很平整，连一点儿裂纹都没有，更别提什么鬼。安宁想，或许是陌生的治疗环境让小溪感到不安，导致她的幻觉又出现了，但安宁不能笃定是这个原因。尽管安宁大脑中快速转过一系列专业分析和判断，但还是忍不住感到一阵背后发凉。窗外天色已暗，让屋里的气氛更添了几分诡异。

小溪忽然笑了笑说："你是不是被我吓到了？你看，你们都是这样。说了，你们也不懂。"

小溪这一笑，让安宁对小溪的幻觉定性更增加了不确定性。"她是在用这样的方式测试我吗？她是真的看见了，还是在想象？或者她压根儿就是在开玩笑？她通过审视别人惊恐的眼神，暗暗嘲笑他人的愚蠢？"安宁一边思索着，一边带着疑问的语气回应："小溪，说实话我确实没有看见。但我并不确信是咱们俩谁看错了。所以，能请你帮忙形容一下她的样子吗？"

小溪无视安宁的问题，自顾自地问："你相信有鬼吗？你相信我能看到鬼吗？"

无论小溪的这番表现是出于何意，安宁可以确定的是，小溪的情况绝不是简单的情绪不好，而是急需去精神科就诊。安宁虽然不是精神科医生，但她已在今天治疗的氛围里，嗅到了创伤的味道。一部分可以确定的创伤经历妈妈已经说过了，但安宁总觉得或许还有其他妈妈没讲出来的事。安宁不知道，也不打算太早去问。

本次治疗结束时，安宁在征得小溪同意的情况下，再次邀请妈妈进入诊室，强调务必尽快带小溪去精神科就诊——在此前提下，心理治疗才能继续进行。

小溪似乎很满意治疗师的做法，而妈妈也终于被迫同意了。

没在梦魇中死去，很遗憾

隔日，妈妈带着小溪来到张医生的精神科门诊。

小溪见到张医生，开口就说："医生，我很难受，紧张。"

张医生询问紧张的具体原因。

小溪解释："昨晚一夜没睡好。我一直在做噩梦。"

张医生追问噩梦内容。小溪看了一眼妈妈说，说："我梦见被人杀了，但是没杀死，我又去杀人。很可怕。"

妈妈眉头紧皱，问小溪："我听到你早上醒来时大喊一声，应该是做了噩梦。我问你的时候你不是说忘了吗？"

小溪低下了头。

张医生朝向妈妈问："家里平时都有谁？你是第一时间看到她从噩梦中惊醒的吗？"

妈妈回应："家里就我们俩，她虽然这么大了，但一到晚上经常说害怕，有时候就想让我陪她睡。昨天我们睡在一个房间，早上醒来时，我看她确实大喊了一声，像是做了噩梦的样子。"

张医生一边听，一边查看小溪之前的治疗记录，上面赫然写着"主诉凭空看到鬼"和"爸爸去世"等关键信息。

张医生小心确认道："嗯，她爸爸是？"

小溪妈妈眼眶立刻红了，看上去完全没有从失去丈夫的悲伤中走出来。"他是去年突发脑出血不在的，当时很突然，我和孩子都有点接受不了。但孩子比我坚强，没有一直沉浸其中，我是真的很崩溃。没想到她现在变成这样，也不知道是不是和他爸爸这种突然离开的方式有关系……"小溪妈妈把她对治疗师讲过的情况大致向张医生讲了一遍。

小溪全程一直低着头，没有人看得到她的表情。

张医生了解完妈妈所说的情况后，继续询问小溪："你经常做噩梦吗？大概一周能有几次？"

小溪说："经常，我也数不清，**感觉天天都是噩梦**。"

张医生问："噩梦的内容一样吗？"

小溪回答："有时候一样，有时候不一样。感觉都差不多，很害怕。我梦见鬼，还有我去杀人，或者被人追杀。我也梦到过自己跳悬崖，跳的时候有一点期待，也有一点害怕，跳到一半后悔了也会吓一跳。一般这时候就会醒，醒来才发现是做梦。好像舒了一口气，又觉得有点遗憾。"

张医生澄清："对什么感到遗憾？"

小溪说："**没死成挺遗憾的，但是死了可能也遗憾**。"

"医生，我会疯吗？"

张医生需要评估自杀风险，于是详细询问道："除了做梦，白天有过不想活的时候吗？或者做过类似的事情吗？"

小溪说："绝望的时候会想，但是没有真做过。还没想好。我觉得我妈需要我，我不能现在死。但是我自伤过，这个不是因为想死，**就是很痛苦的时候，除了自伤没有其他办法。**"小溪一边说，一边撩起衣袖，划痕只有几道，但其中一道却很深，有缝合的痕迹，绝不只伤在表皮。

张医生指着那道很深的划痕说："这个是什么时候划的？应该很深吧。"

小溪说："这个，我也忘了，就是和我妈吵架后划的。每次划的都差不多。这个比较深，是因为那把刀不好用，我之前的刀都被我妈没收了，我很生气，就划得重了。之前划的都是微微渗血，不疼，但那次挺疼的，我也害怕了。"

小溪妈妈叹了口气说："医生，那次是我骂了她，我看她自伤了几次就把刀具收了，结果发现她借同学的钱偷偷又去买了一把小刀。我当时特别生气，就觉得这孩子是故意的。所以，我就骂了她。当时我确实反应有点过激，我是太紧张了才生气，后来向她道歉了。只有那次她伤得重，我带她去缝针了。其他的确实都只是擦伤，不需要去医院。"

小溪忽然抬头，向张医生询问道："**医生，我会疯吗？我会变成疯子吗？**"

张医生询问小溪问话的缘由，小溪解释："我总能看到鬼，但妈妈看不到，治疗师也看不到，正常人都看不到。我是不是不正常？正常人也不会割自己，还割得那么严重对吧？"

小溪是不是精神病

听到小溪的担心，张医生倒是可以确认，小溪对于自己某些行为和体验异常是有自知力的。

张医生又进一步询问症状，小溪和妈妈都否认她有特别异于平时的兴奋、话多或精力充沛，大部分时候以抑郁和焦虑情绪为主。张医生考虑，**小溪虽有幻觉，但内心情感体验丰富，知情意协调，有自知力，有绝望感和自伤行为，暂无明确的自杀计划，且对自杀的后果有顾虑。**这些都可以说明，小溪既不是双相情感障碍，也不能归于精神分裂症的范畴。她的幻觉常常出现在和妈妈发生冲突的时候，或者想起不好的事情，情绪有波动的时候。**这更像是情绪引起的幻觉体验。**

张医生一方面向患者解释他的判断，解释小溪为什么不是精神分裂；另一方面仍叮嘱家属要关注孩子的自伤自杀风险，并严格按医嘱服药。

创伤的味道

关于幻觉，张医生还想进一步和小溪确认。张医生询问道："关于你总是看到房顶有鬼，我想再和你确认一下。这个鬼具体长什么样，每次看到都是一样的吗？"

【知识点】

什么是知情意协调?

知情意属于人的心理过程，分别指认知、情绪情感、思维。知情意协调即指人的情感体验、情绪和行为反应、头脑中的理解和判断与当前发生的事情、所处的情境是一致的。比如一个人获得了好成绩感到高兴所以开心地笑，这就是知情意协调的状态。如果一个人遭遇亲人突发车祸离世，他感觉很痛苦，表现是哈哈大笑，就是不协调，知情意不是和谐一致的。

小溪回答:"不一样，有男有女，有时是一个，有时是好几个。别的不记得了。**我看不见他们的脸。**"

张医生继续问:"你觉得这些鬼确实是你眼睛看到的，还是你脑子里出现的? 你很确信他们就在房间里吗?"

小溪犹豫着回答:"不太确定是不是一定在房间里，一开始我觉得不可能有鬼，也许是我想象出来的，但又好像真的看到了。我也很疑惑。有时候感觉他们离我远远的，但有时候他们好像要不停地靠近我。"

张医生问:"他们靠近你，你害怕吗?"

小溪点头说:"我很害怕。我不想一个人，尤其是晚上。"

张医生问："我想请你再回忆一下，你平时有不真实的感觉吗？比如感觉身边的一切不像真的，或者感觉自己好像在梦里。"

小溪回答："有啊，看到鬼的时候我就感觉不真实。也有时候什么都没发生，没有鬼，但也感觉不真实，好像我知道自己在某个地方，又好像不是真的。以前有一次，我好像莫名其妙发了一会儿呆，同学还问我是不是白日做梦。我也不知道那应该是什么感觉。"

张医生点点头。他认为，**小溪虽有抑郁和焦虑情绪，但从小溪的经历及当前的症状来看，也有创伤后应激障碍的特点**。张医生继续问："小溪，你前面说怕黑，不敢独处，是吧？你能不能再想一想，这个害怕有特定的情境吗？比如某个时间段，某个特定的地点？"

小溪说："以前最害怕一个人上下学，但是爸爸妈妈一定要我自己走，这个就是我最害怕的。后来他们不陪我，我就趁着天亮时和同学一起走。初中住校，我也不会在晚上出去。"

妈妈补充道："哎，这孩子就是小时候被奶奶丢过一次，可能是吓着了。我们都觉得现在长大了，这么多年过去应该没事了。她现在就是对一个人晚上出去特别抵触。有一次，我们吃完晚饭，我让她和我一块儿下楼去遛狗活动一下，她就一直打游戏，我多叫了几遍她还和我大闹一通，死活就是不去。"

小溪有些委屈和愤怒，辩解道："我都和你说了我很害怕！"

→ 第四节　关于创伤的专业探讨

创伤后的延迟反应

就目前信息来说，张医生倾向于诊断小溪为**创伤后应激障碍**，并且希望她使用一些抗抑郁、抗焦虑和抗精神病性症状药物联合治疗。恰好，治疗师安宁也对小溪的情况有所思考，并在小溪和妈妈知情同意的情况下，与张医生进行了一段保密设置下的专业讨论。

【知识点】

什么是创伤后应激障碍？

创伤后应激障碍不是人在遭遇创伤后的即刻反应，而是一种对应激事件的延迟反应。一般在应激事件发生6个月后，如果当事人符合该障碍的全部标准，可以考虑给予诊断。如果应激反应出现在应激事件发生后1周内或1个月内，随后症状消失，则更多考虑为急性应激障碍。

创伤后应激障碍和急性应激障碍都属于应激相关障碍。一个首要的判断条件是，必须有明确的应激源作为致病因素存在。

在世界卫生组织最新的精神与行为障碍分类手册《ICD-11》中，创伤后应激障碍的核心特征如下：

个体长期或短期暴露于极具威胁性或恐怖性的事件或情境中。如直接经历自然灾害或人为灾难、战争、严重意外事故、酷刑、性暴力、恐怖活动、被袭击或急性危及生命的疾病（如心脏病发作）；目睹他人在突然、意外或暴力方式下被威胁或实际受到伤害或死亡；得知亲友突然意外死亡或因暴力死亡。这些都可以被称为创伤性事件。

事件发生后，典型综合征的发展持续至少数周，包括以下三个关键要素。

1. 当下再体验创伤性事件

创伤事件并不是被回忆起，而是被体验为此时此刻再次发生。其表现形式可以是生动的闯入性记忆或影像；闪回，可从轻度（短暂感到创伤性事件在当下再次发生）到重度（完全丧失对目前环境的意识）不等；反复出现的与创伤性事件相关主题的梦。再体验通常伴随着强烈的或压倒性的情绪，如害怕、极度恐慌和强烈的躯体感觉。当下的再体验可卷入与经历创伤事件时同样强度的压倒性的或被浸没的情感反应，而患者并不自知。这种情况可见于对创伤事件提示物的反应。对创伤性事件的沉思、思维反刍（即对消极事件难以控制地反复回忆、思考）以及记得当时所体验到的情感并不完全等同于再体验。

2. 刻意回避可能引起再体验创伤事件的提示物

其表现形式可以是主动对相关想法和记忆的内在回避，也可以是对引起创伤事件联想的人群、对话、活动或情景的外在回避。在极端的情况下，个体为回避创伤提示物，可能会改变其环境（如搬到别的城市或换工作）。

3. 持续感受到过高的现实威胁

其表现形式可以是过度警觉，或对刺激（如意外的声音）表现出增强的惊跳反应。过度警觉的个体时刻准备保护自己免于危险，并且在特定情境或更广泛的情境下也会感觉自己或亲近的人处于即刻的威胁之下。为了保证安全，他们可能会采用新的行为方式（如不背对着门坐、在汽车后视镜中反复查看等）。

这种困扰会导致个人的家庭、社会、教育、职业或其他重要方面的功能严重损害。当事人需要付出大量的额外努力来维持自己的社会功能。

病程特征：

创伤后应激障碍在暴露于创伤事件后发生，可出现在生命周期中的任何时间。创伤后应激障碍症状的发作通常在暴露于创伤事件后 3 个月内。但是，创伤后应激障碍症状的表达也可延迟至暴露于创伤事件数年后。症状和病程因时间和个体差异而显著不同，且症状可能复发。约半数的创伤后应激障碍患者在发病 3 个月内可完全恢复，但部分患者的症状可持续数月或数年不缓解。①

还有没有其他可能

张医生和安宁一边交流小溪的情况，一边各自考虑着如何表达对小溪的判断与疑惑。

安宁说：“她是先被妈妈带来我这里看的。因为妈妈不太接受女儿有精神问题，不愿意带孩子直接去精神科，所以先到心理治疗室。不过，这也是在孩子的强烈要求和争取下才来的。据她们描述，妈妈愿意带小溪来医院，是因为小溪近期在家里频繁自伤，而且说看到鬼，大喊大叫。在此之前，小溪也说想来医院，当时妈妈是坚决反对的。”

张医生：“你是不是怀疑小溪的一些症状具有表演性？”

---

① 世界卫生组织. ICD-11 精神、行为与神经发育障碍临床描述与诊断指南［M］. 王振，黄晶晶，译. 第 1 版. 北京：人民卫生出版社，2023：175-180.

安宁说："目前还不太能确定，但多少有一点。至少她的症状是很有功能的：妈妈通过这些症状看见了小溪的痛苦和困难，愿意多理解她一些，愿意带她看病，愿意晚上陪她，对待小溪更有耐心，甚至很多事开始听小溪的……不过，她确实受了不少苦。**孩子过去一直压抑着不表达，和家里缺乏一个支持和容纳的环境也有很大关系。**"

张医生说："这孩子，确实受了不少苦。她的妈妈也不容易。从诊断上看，她目前还没有双相情感障碍的表现，抑郁和焦虑情绪体验都比较明显了，但也没有达到诊断标准。她有不少创伤经历，也有回避行为，经常做噩梦，偶尔还出现一些解离症状，比如不真实感，忘记一些事件的细节，长期不愉快、不安等，这些都比较符合创伤后应激障碍的诊断。"

安宁点头，回应道："她确实比较符合创伤后应激障碍的特点。不过她的精神病性症状你怎么看呢？我简单问了一下，她对幻觉的主诉虽然是看到鬼，但她也觉得好像是自己脑子里想的，又好像是看到的，甚至……嗯，该怎么说呢？我曾有一瞬间觉得她并没有凭空看到什么，完全是想象出来的，而且她很关心别人听到她有幻觉时是什么反应。"

张医生说："她是有点难判断。首先，我看她知情意协调，情感体验丰富，**内心有冲突，有诉求，有自知力，担心自己不正常，这一点就不像典型的精神分裂症，**所以我排除了她有精神分裂的可能。再说幻觉，我也询问了她的幻觉来源，目前还是倾向于认为她是假性幻觉，而不是没有幻觉。也就是说，她的幻觉来源主要还是头脑中的想象，具体形象她并不能描述清楚，而且幻觉出现多与情绪刺激有关。"

尚存的疑问

安宁回应："这么分析就更清楚了。这孩子现在的一系列表现确实和创伤经历关系很大。她的妈妈不太能承受这些，还需要给家长一些支持，才能一起帮助孩子。她从小时候走丢那次开始，就一直怕黑，拒绝走夜路，到现在都是。也不知道那天晚上一个那么小的孩子独自在外面都经历了什么，她自己也说不清楚。直到被人发现送回家，这期间有没有发生一些更可怕的事情，也很难讲。"

张医生点头，回应说："是啊，她是接连遭遇创伤，确切地说，应该属于复杂性创伤。不过，有些信息还需要再收集，比如看看她的病史中是否能体现'创伤三联征'。目前看，至少消极负面的认知和心境是长期存在的，社会功能受损、自伤、幻觉症

【知识点】

什么是创伤三联征?

创伤三联征一般指创伤性体验的再现、患者警觉性的提高、回避和麻木的反应。

状，都可以作为辅助的判断依据。我已经给她开了药，观察一下后续效果。咱们双方和这个孩子的工作都得慢慢来。"

安宁同意："她遭遇的创伤事件是一件接着一件发生的。她小时候父母忙碌没空管她，出生后就被父母送到爷爷奶奶家，后来又被奶奶弄丢，然后疼爱她的爷爷突然去世，然后又搬家回到城市父母的家里，家里经济遭遇变故，爸爸又意外去世……这些事情，换谁也扛不住，小溪还好好地站在我们面前主动求助，这孩子真是生命力顽强，了不起。对待这样的创伤患者，一定要慢慢来。我想，问问题也要更谨慎些，决不能随便去揭他们的伤疤，来满足我们的好奇。这是绝对不可以的。"

张医生表示非常赞同。

→ 第五节　无法记起的"至暗时刻"

两颗心的靠近从"不逊"开始

"你和我以前的一位老师长得很像。"

小溪此刻正坐在心理治疗师安宁的诊室中进行会谈。经过之前的数次会面，安宁觉得自己和小溪的治疗关系正在逐步建立起来，以前更明显地感受到互信和安全。听到小溪这样说，安宁首先想到的是一位善解人意的老师形象，或许和小溪关系不错，或许曾经在小溪无助时给予过帮助和理解。

安宁问道："是哪位老师呢？"

小溪停顿了一会儿，犹豫着说："她是我一年级时的班主任，语文老师，二年级她就被换掉了。她是个变态。"

安宁感到意外，忽然间不确定自己和小溪的这段治疗关系是否已经真的建立起来。在安宁的职业生涯中，大部分时候她对于建立治疗关系有着比较多的自信，至少从没听到过"变态"这样的评价。

安宁问小溪："是哪个部分让你觉得我们很像呢？"

小溪解释："你和她长得很像，身高，发型、胖瘦都很像，但性格不像。"

安宁继续表达好奇："性格哪里不像？"

小溪说："她是个变态，生气时就打人，骂人，情绪极其不稳定。上课看到有同学低着头，她非说那个同学在偷看课外书。那个同学说没有，老师就把他桌子里所有的东西，连同书包，一起倒在地上。最后也没找到一本课外书。这还不是变态吗？"

安宁感受到小溪所在班级环境的压抑和紧张，但更多的注意力仍在治疗关系上。安宁回应："那真是挺糟糕的感觉，很遗憾我和这位让你感觉糟糕的老师如此相像。你觉得我带给你的感觉和她有什么不一样吗？"

小溪回答："我挺喜欢你的，你能理解我。但是，你们看起来真的太像了。我见你第一眼还挺害怕的，但是现在我不怕了。"

对于小溪的反馈，安宁仍有不解，她选择坦诚表达自己的惊讶："没有想到你一开始觉得怕我，因为你看起来似乎不抗拒和我接近，而且落落大方。"

小溪说："我本来就是这样啊。我只是觉得有点像，但你又不是她。我也没有那么怕。只是当时和你不熟，我怕直接说出来反而会吓到你。"

安宁没有直接回应，继续问道："怎么现在决定告诉我呢？"

小溪笑了，回答说："我也不知道。就是觉得可以想说什么就说什么了。"

安宁回味刚才和小溪对话时的感觉。经过小溪的"挑战"，此刻，好像她们的心理距离更近了一些。

"我想告诉你一件事。"

小溪说："我想告诉你一件事，但我很怕你会在心里疏远我，或者觉得我不好。"

安宁警觉地认为，小溪很有可能提到和创伤经历有关的事情。

小溪认真地看着安宁："我真的很不想说，而且我也记不清了，但这个想法实在很困扰我。你能不能先告诉我，你有什么绝对接受不了的事情吗？"

安宁回应："我感觉到你在纠结要不要说一件对你而言十分重要的事情，但前提是我不会戴着有色眼镜去看待，你才能安心地说。"

小溪点头。

安宁安抚道："我尊重你的决定，无论你今天是否决定谈这个话题，我都能理解。如果你决定说，我也准备好了陪你一起面对。"

经过一番思考后，小溪最终还是决定要说，解释道："我其实可能会说不清楚，因为我也不记得了。就是，我 4 岁的时候，奶奶带我出去，我走丢了。就那次，有个同村的叔叔把我送回家。我是想说，我当时没感觉有问题，我不懂，但是我很不舒服，因为他好像，就是好像，嗯，摸了我。"

安宁专注地听，只是点头表示知晓，没有说话。

小溪停顿了一下，继续道："具体的我都不记得了，我也不知道是不是真的摸了，因为时间离得太远了。但我当时以为他就是和我亲近，他抱着我回家，好像手伸进了我衣服里，很长时间，但我不知道是不是这样，也许我记错了，因为那时候的记忆完全是不清楚的。我现在也经常记不清楚一些过去的事情，所以也许是我做梦当成了真的，我不知道。"

安宁问："这事你是最近才想起来的吗？"

小溪点头说："上初一后，有一天就莫名其妙地想起来，把我自己吓一跳，但又实在不能确定是不是真的……想起来以后，我就经常忍不住反复想，我想确认有没有这事，但还是没用，想不起来。我现在最难受的就是想起这件事，我到底该怎样才能让自己不再想呢？"

安宁听到这事，震惊之余心疼更多。此前，安宁就怀疑过小溪可能还有秘密，但出于对小溪的尊重和保护，没有主动问她。当小溪说出来，安宁才深深地、强烈地感到痛心。如果有此事实，这个小女孩独自背负着一个羞耻而沉重的秘密这么多年，这种感受是常人无法想象的。唯有忘记，是身体对人本能地保护。

"我脏吗？"

安宁知道，现在没有办法马上和小溪探讨当年事情的真相，而且如果询问细节太多，很有可能引发严重的后果，超出小溪此刻的承受能力。

安宁想了想，询问道："你想知道事情的真相，所以总是忍不住反复去想，一定是因为，你觉得这件事有没有发生过很重要。你能告诉我，你是怎么想的吗？"

小溪说："**我觉得，如果是真的，我一定很脏吧**。我会觉得特别'恨'，但不知道恨什么，恨那个人，但又没什么用。感觉未来都没有希望了。可是我没法确定是不是真的，所以我现在一直难受，堵得慌。"

安宁觉得，也许这时可以和小溪谈一谈女孩对待性骚扰，甚至性侵犯的认知了，好帮助小溪改变对自己的看法，让小溪知道这不是她的错。但比起认知层面的探讨，安宁此刻更想陪伴小溪去一起承担这份难受、恐怖甚至绝望的感觉。

安宁咽回所有劝告的话，重新梳理了一下自己的思路，关切地问道："小溪，你今天决定告诉我，是希望我能为你做什么吗？"

小溪沉默片刻，摇头道："我不知道。"

安宁说："**我会和你在一起，倾听你的感觉、你的想法，你的不确定、你的担心，包括你对自己的糟糕感受。无论你说什么，都不会把我推远，也不会让我有任何想要评价你的想法**。"

小溪流泪，低声问："你觉得我脏吗？"

安宁继续道："说实话，我一点儿也不觉得。**这实在不是你的错**。"

小溪哭起来，没有大声却很用力。安宁陪在她身边，没去干扰。

小溪哭了一会儿，渐渐地转为抽泣，最后平静下来。安宁问小溪刚才的感觉，小溪说："不知道，但是谢谢你让我哭。"

正确的陪伴方式

在安宁看来，小溪需要的远远不止大哭一场——她有恨，有遗憾，有恐惧，有太多无法整理的思绪和感受，充斥在这个小小的身躯里。或许在未来，安宁会有机会与小溪谈论恨，那份恨的感觉绝不仅仅指向一个陌生的坏人；或许未来，安宁也可以和小溪谈论爱，那份被爱的体验也许是小溪最重要的支持；或许未来，安宁还可以和小溪谈论很多很多，关于一次又一次在亲人离世中体验到的"被抛弃"的绝望，关于现实生活中和妈妈的相互扶持……但是此刻，释放或许是她唯一能做的事情。

今天的会谈结束后，安宁知道小溪的治疗还有很长的路要走。作为治疗师，即使整个疗程再长，她也只能陪伴小溪走过一小段生命历程。

安宁明白，"这个世界上总有许多生来不公的事，没有一个婴儿可以为自己辩论。或许婴儿可以努力做出各种反应来换取照顾者更好的照顾，但他们还是无法完全决定自己会被外界如何对待。著名的小说《小王子》的作者说过，"每个大人都是从孩子做起的，然而记得这事的又有几个呢？"实际上，如果大人想要理解一个孩子，只需要记得，自己也曾是一个孩子就足够了。

从另一个角度来看，**一个孩子在经历极其复杂的创伤后依然没有放弃自己，哪怕是在一大堆精神症状里求生，她至少仍然坚持治疗，努力生活。她一边跟命运抗争，一边朝着哪怕是一点点微小的希望前进。这就是令人感动的生命力的展现。**

人本主义心理学家卡尔·罗杰斯认为，"一个有趣的悖论是，当我接受自己原本的样子时，我就能改变了。"这份态度，或许我们也可以拿来面对命运，面对人类一切的创伤吧……

安宁坐在空荡荡的诊室感受着今天的一切，陷入思考。一时间，她竟没察觉距离下班时间已经过去了半个小时。

后来

小溪并不是安宁或张医师治疗生涯中最与众不同的患者。或者说，每一个患者都是那么的与众不同。然而对治疗师或精神科医生而言，再长的治疗历程也只能陪伴患者一小段人生。

"那么，什么是真正的治愈呢？我们究竟治愈过多少位患者？那些曾与我们深深交流，并在生命最暗处相遇，又在光明到来时离去的患者们，后来过得好吗？"安宁在心中问自己。对这样的问题，或许每个医生、治疗师心里都有自己的答案。

在这个问题上，张医师和治疗师安宁持有相似的观点。就像他们一直对患者解释的那样，没有百分之百的痊愈，只有相对意义上的临床好转。比如症状减轻或基本消失，不再符合某项疾病的诊断标准；或主观上不再强烈地感到痛苦，可以比较正常地、更满意地生活。如果有人可以重新迸发出前所未有的创造力，创造出自己新的人生故事与意义，那就更好了。

但同时，他们仍要面对人生的起起伏伏，面对境遇的变化与意外，也要面对尚未解决的人生议题带来的困扰。与过去不同的是，他们将变得对自己更有觉察和信心，或拥有更多的内在资源与外部支持，更愿意带着尚未彻底解决的问题勇敢地前行。

这一点，无论对患者还是非患者来说，都是一样的珍贵与不易。

→ 本章锦囊：当他人向我们倾诉心理创伤时，我们该怎么做？

● 自我评估

作为被倾诉者，首先应评估自己是否能够承受对方所谈的内容并成为好的倾听者。如果自己本身经历创伤且情绪容易被唤起，还没有准备好如何倾听和安抚他人，建议先做好自我照顾，否则对自己和倾诉者都是不利的。同时，若倾诉者在倾诉过程中出现较大的情绪波动、状态异常，需要帮助，而这已经超出被倾诉者的助人能力，一定要让倾诉者及时就医寻求专业帮助，切莫因自身专业不足给双方都造成伤害。

● 认真倾听

在自己能力范围内，选择安全的环境，给对方提供一杯温水，认真地倾听对方讲述，并告诉他说："你现在很安全，我会在这里陪你。"不要立刻拥抱对方，而是询问："你希望我坐在你身边，还是保持一点儿距离？"

● 非评论性地回应

在倾听时不要急于打断并提供劝告，不要说："你这样想是不对的"，更不要表现得比倾诉者更加激动并煽风点火。可以适当点头，或用简单的词语回应，如"嗯，是的"，或者借用倾诉者自己的话简单回应："你真的很难过。"可以询问对方的诉求，如"你希望我现在能为你做点什么？"

● 不做无效安慰

若不知如何安慰，做好倾听和陪伴就已经是给对方莫大的帮助，切勿进行无效安慰，尤其是不要急于让对方好起来，并否认伤痛的存在，甚至引发对方的自责或愤怒。

如"还有比你更惨的人，你这根本不算什么""他也有难言之隐，所以才伤害你""别太难过，你一定会好起来""别哭了，不能哭""你要坚强一点"等都是无效且容易带来二次伤害的安慰。也不要在对方没有准备好的情况下强迫对方描述具体的痛苦画面，这一行为存在极大的风险。叙述创伤细节应由专业工作者指导，在专业评估下进行。

遭遇创伤后，如何自我调适？

● 自我理解

遭遇心理创伤后，自我调适是一个循序渐进的过程，若感到身体不适，情绪难以控制，或存在较多消极认知，建议及时就医，寻求专业帮助，切勿错过心理调适的时机。

● 避免二次创伤

若没有准备好倾诉，可以拒绝他人"说出来就好了"的要求，可以直接告诉对方"我现在不太想讲"或"我还没有准备好"；

不要用酗酒、过量吸烟、通宵游戏或过度工作等冒险的方式麻痹自己；

不要急于好转，不要因一时走不出来而自责，要允许自己的情绪宣泄出来。

● 培养积极视角

从长期来说，可以在心理治疗的专业帮助下，在危机中寻找机遇。比如逐渐培养自己积极看待问题的视角，发掘现有资源并形成自己的支持系统，在伤痛中学习、体验、成长，接受自己的真实经历，并带着伤痕前行，寻找生命的价值与意义。

面对有自杀风险的家人，我们该怎么做？

初步判断家人的自杀风险

风险等级	低风险	中风险	高风险
具体表现	偶尔有绝望感，偶尔有"不想活了"的想法，但没有具体的自杀行为或自杀计划，对未来仍抱有兴趣和希望	有持续一段时间的绝望感，有过自杀计划或尝试实施相关行为，当前仍有自杀想法但成功实施的难度较大，没有明确具体的可操作计划及时间点	有强烈绝望感，当前有明确的自杀计划（包括具体时间、地点、工具、操作方式等），成功实施的可能性大，自杀态度比较明确，或者冲动自杀成功的可能性较大
如何应对	当事人应积极治疗，家人须给予关注和理解，重视其感受，配合医生、治疗师进行治疗，并与当事人一起做出必要的改变	在当事人积极治疗的同时，尽量为其创造安全的环境并给予高质量、支持性的陪伴，尽量降低其自杀成功的可能性。当事人应及时就医，必要时住院	当事人应及时接受精神科治疗，遵医嘱服药，有异常情况及时住院，家人应尽量陪伴，避免让其情绪激动时独处

当家人说"不想活了"，或做出相关行为时，我们怎么办？

✗ 错误一：态度冷漠、不重视，认为他在威胁你，根本不相信他能实施成功

无论他是不是想通过自杀"威胁"你，都是在向你发出"求

救"的信号，希望痛苦被看到、被理解。除了企图"自杀"，他很有可能真的找不到更好的办法走出困境。此时如果你表现得不以为然，很有可能会让他陷入更大的绝望，做出更极端的行为，最终导致自杀成功。

⊗ 错误二：火上浇油

当他说要去死，你却说"你去死吧！""你怎么不去死？"这样的话就是火上浇油，很容易刺激他做出不理智的极端行为，在冲动下自杀成功。

⊗ 错误三：过度反应，表现得比他更痛苦

看到重要的人痛苦，你也会感到痛苦，但如果你表现得比他还要脆弱，会让他感到自责以及更大压力，觉得你无法承接他的情绪，从而向你隐瞒真实的情绪。如果负面情绪长时间没有出口，也可能导致他在你不知道的情况下偷偷做出自杀行为。

✓ 正确的做法

识别自杀风险等级，即使你判断他是低风险，也建议考虑其痛苦程度及持续时间，及时就医。

给予他及时的安抚和充分的重视，如放下手上的事去陪伴他，给他一个拥抱，倾听他的想法等。

调整自己的情绪，在他不理智时你更加需要情绪稳定，不会被他的表现吓倒，才能"接住"他的情绪，成为他的依靠。

不乱给建议，不着急开导，认真、耐心、平和地倾听，让他把痛苦更充分地表达出来，帮他寻找专业支持，如寻求心理治疗师进行专业干预。

待他情绪稳定后，达成约定，一旦有极端想法或处理不了的痛苦情绪，要及时表达。

主要参考文献

［1］美国精神医学学会.精神障碍诊断与统计手册［M］.第5版.北京：北京大学出版社，2016.

［2］杰瑞姆·布莱克曼.心灵的面具：101种心理防御［M］.王晶，译.第2版.上海：华东师范大学出版社，2021.

［3］唐宏宇，方贻儒.精神病学［M］.第2版.北京：人民卫生出版社，2021.

［4］南希·麦克威廉斯.精神分析诊断：理解人格结构［M］.鲁小华，郑诚，译.第1版.北京：中国轻工业出版社，2015.

［5］中国心理学会临床心理学注册工作委员会.中国心理学会临床与咨询心理学工作伦理守则：第2版［S］.北京：中国心理学会，2018.

［6］世界卫生组织.ICD–11精神、行为与神经发育障碍临床描述与诊断指南［M］.王振，黄晶晶，译.第1版.北京：人民卫生出版社，2023.

后 记

合上最后一页文稿，诊室窗外的梧桐树上落下了今冬第一片黄叶。书里患者们的经历，依旧在我脑海中回荡。他们并非一个个冰冷的病历编号，也不是诊断书上的孤立案例，而是与我携手，勇敢踏上康复旅程的伙伴。

从事临床工作这些年，我常常被患者的态度触动。即使深陷情绪低谷，或是在自我认知的迷雾中徘徊，他们依然愿意向我敞开心扉，倾诉内心的痛苦。这份沉甸甸的信任，比任何荣誉都更让我珍视。就拿晓晨来说，被确诊双相情感障碍后，情绪起伏不定，但她没有一味抗拒，而是选择接受疾病，积极配合治疗。她告诉我，她渴望理解自己的病情，努力过上正常生活。这份接纳与改变的决心，正是康复的希望。

幸运的是，系统治疗为他们带来了转机。晓晨在药物的作用下，情绪逐渐平稳，通过心理治疗，她学会了接纳自己的脆弱，重新建立起自信。明月在对抗进食障碍的过程中，用药物缓解了生理上的焦虑，而心理治疗则引导她正视内心的孤独，重新思考自我价值。在医学和心理治疗的双管齐下，让许多患者有了继续前行的勇气。

志远和家珍的情况，与家庭环境密切相关。志远长期失眠，家珍存在解离症状，经过深入了解，发现家庭关系是背后的诱因。后来，我们通过家庭治疗和心理辅导，帮助他们化解家庭矛盾，引导他们理解彼此，逐步重建了健康的心理状态。

在北大六院"以科学精神体现人文关怀"院训的熏陶下，我始终认为，精神医学不能只关注病理分析，心理学也不能脱离实际。只有将生物、心理和社会因素有机结合，才能找到最适合患者的治疗方案。

书中的每个案例，都是患者与苦难共处、寻求改变的见证。曾经困扰他们的症状，在治疗过程中，转化为成长的动力。晓晨康复后曾感慨："曾经被情绪困扰，如今学会了接纳，才懂得珍惜平静的生活。"这种在接纳中改变的智慧，正是整合治疗最大的收获。

我希望这些故事，能给仍在迷茫中的患者带来希望，给心力交瘁的家属送去安慰，也能让同行们对整合治疗有更多思考。只要精神科医生多倾听患者的心声，心理咨询师多理解疾病背后的生理因素，就能帮助更多的患者重新拥抱生活。

窗外，梧桐树的新芽正在积蓄成长的力量。精神健康领域，永远充满着无限可能。希望这本书，能像一扇窗，让阳光照进来，让希望发芽。

西英俊

2024 年 11 月